Anzucht · Gestaltung · Pflege

Werner M. Busch

Bonsai

aus heimischen Bäumen und Sträuchern

BLV

Die Deutsche Bibliothek –
CIP-Einheitsaufnahme

Bonsai aus heimischen Bäumen und Sträuchern: Anzucht, Gestaltung, Pflege/Werner M. Busch. –
München; Wien; Zürich: BLV, 1993
ISBN 3-405-14455-8
NE: Busch, Werner M.

BLV Verlagsgesellschaft mbH,
München Wien Zürich
80797 München

Umschlaggestaltung: Studio Schübel,
München
Lektorat: Barbara Kiesewetter
Layout: Verlagsservice Dr. H. Neuberger &
K. Schaumann, Heimstetten

Herstellung: Hermann Maxant
Lithografie: Fotolitho Longo, Frangart
Satz: DTP im Verlag/Setzerei Vornehm
Druck: Staudigl, Donauwörth
Bindung: Oldenbourg, Heimstetten
Gedruckt auf chlorfrei gebleichtem Papier

Printed in Germany · ISBN 3-405-14455-8

Bildnachweis:
Alle Fotos von Meier-Horn, außer:
Bonsaiclub Deutschland 87
Busch 15, 16, 51 ol, 55 r, 57 l, 57 r, 61 u, 61 o, 61 M, 66, 78, 81 l, 81 r, 86, 90 o, 90 ul, 90 uM, 90 ur, 96 ol, 96 or, 101, 111 u, 111 o, 124, 135 ul, 135 ur, 141
Pall 10, 34, 37, 47, 108, 113, 114, 115,
Schudde 2/3, 6/7, 8, 25 l, 25 r, 41, 42, 43, 46 ol, 46 or, 46 Ml, 46 Mr, 46 ul, 46ur, 65, 68, 72, 85, 92, 93, 100, 123, 135 o, 140,
Stachozky 88
Stein 5, 13, 23, 83, 103, 109
S. 1: Hainbuche
S. 2/3: Lärche, Gestaltung W. D. Schudde
S. 6/7: Rotbuche

Umschlagabbildungen: Meier-Horn,
vorne: Rotbuche, hinten: Weißdorn (oben links), Lärche (oben rechts), Linde (unten)

Vorwort

Bonsai, noch vor zehn Jahren bei uns ein fast unbekannter Begriff, fasziniert inzwischen immer mehr Menschen. Waren es zunächst die japanischen Baumarten, die in Miniaturform in großen Mengen importiert wurden oder später die sogenannten Zimmerbonsai, die hauptsächlich aus China kommen, sind es heute immer mehr heimische Gehölze, die in Miniaturform gepflegt und gestaltet werden.
Dieses Buch soll sowohl Anfängern als auch erfahrenen Bonsai-Liebhabern, die sich mit der Gestaltung von heimischen Bäumen beschäftigen oder beschäftigen wollen, Anleitung und Hilfestellung geben.
Neben allgemeinen Erläuterungen über die Pflege und über mögliche Gestaltungstechniken sind im speziellen Teil die heimischen Gehölze und deren Eignung zur Bonsaigestaltung sowie mögliche Schädlinge und Krankheiten und ihre Behandlung eingehend beschrieben. Die Besonderheiten jeder einzelnen Baumart und ihre Reaktionen auf bestimmte Gestaltungsmaßnahmen sind ausführlich dargestellt, so daß dieses Buch als wichtige Grundlage zur Pflege und Gestaltung von Bonsai aus heimischen Laub- und Nadelgehölzen dienen kann.
Es sind die Erfahrungen aus zehnjähriger professioneller Arbeit mit Bonsais aus heimischen Gehölzen wiedergegeben. Aber auch Erkenntnisse privater Bonsaigestalter sind berücksichtigt.
Über die in diesem Buch nicht beschriebenen heimischen Gehölze liegen entweder noch keine gesicherten Erfahrungen vor, oder sie erscheinen, z. B. wegen ihrer geringen Lebenserwartung, zur Bonsaigestaltung ungeeignet.

Inhalt

Vorwort 5

Was ist Bonsai? 8

Warum Bonsai? 8

Bonsai als Kunst 9

Bonsai-Gestaltung 10

Die ersten Versuche 11

Bonsai-Praxis 14

Standort 14
Überwinterung 14
Bewässerung 15
Pflanzerde 16
Eigenschaften der verschiedenen Erdanteile 16
Umpflanzen 16
Rückschnitt 19
Kräftige Äste richtig entfernen 20
Düngung 20
Mineralische Dünger 20
Organische Dünger 22
Bedeutung und Wirkung der Nährstoffe in der Pflanze 22
Spurenelemente 23

Der natürliche Wachstumsrhythmus 24

Wachstumsrhythmus bei Bonsai 25

Die Bonsai-Stilarten 26

Die japanischen Stilarten 26
Die Besenform 26
Die aufrechte Form 26
Die frei aufrechte Form 26
Die streng aufrechte Form 26
Der Doppelstamm 26
Der Mehrfachstamm 28
Die Waldform 28
Die Floßform 28
Die Kaskade 28
Die windgepeitschte Form 28
Die Literatenform 28

Was macht einen guten Bonsai aus? 30

Schale 30
Erdoberfläche 30
Wurzelansatz 31
Anpfropfen von Wurzeln 31
Abmoosen 31
Strammer Draht über dem Wurzelansatz 32
Gezielter Wurzelrückschnitt 32
Stamm 32
Äste 34
Blätter 35
Blüten und Früchte 36

Techniken der Bonsai-Gestaltung 38

Rückschnitt 38
Drahten 38
Spannen 38
Arbeiten am toten Holz 38
Gezielte Düngung 39

Pflegearbeiten im Jahreslauf 40

Wege zum Bonsai 44

Bonsai aus Samen 44
Bonsai-Gestaltung aus einer Baumschulpflanze oder einem Rohling 46
Bonsai aus einem Findling 47

Welche Bäume eignen sich für Bonsai? 49

Laubbäume
Feldahorn (*Acer campestre*) 50
Bergahorn (*Acer pseudoplatanus*) und Spitzahorn (*Acer platanoides*) 52
Felsenahorn (*Acer monspessulanum*) 56
Schwarzerle (*Alnus glutinosa*) und Grauerle (*Alnus viridis*) 58
Sandbirke (*Betula pendula*) und Moorbirke (*Betula pubescens*) 62
Hainbuche (*Carpinus betulus*) 66
Edelkastanie oder Eßkastanie (*Castanea sativa*) 70
Walnuß (*Juglans regia*) 72
Rotbuche (*Fagus sylvatica*) 74
Esche (*Fraxinus excelsior*) 78
Holzapfel (*Malus sylvestris*) 82
Holzbirne (*Pyrus pyraster*) 86
Stieleiche (*Quercus robur*) und Traubeneiche (*Quercus petraea*) 88
Eberesche (*Sorbus aucuparia*) 92
Winterlinde (*Tilia cordata*) 94
Feldulme (*Ulmus carpinifolia*) 98

Nadelbäume
Gemeiner Wacholder (*Juniperus communis*) 102
Europäische Lärche (*Larix decidua*) 104
Fichte (*Picea abies*) 108
Zirbelkiefer (*Pinus cembra*) 112
Bergkiefer (*Pinus mugo*) 114
Schwarzkiefer (*Pinus nigra*) 116
Waldkiefer (*Pinus sylvestris*) 118
Eibe (*Taxus baccata*) 120

Sträucher
Zwergbirke (*Betula nana*) 124
Haselnuß (*Coryllus avellana*) 126
Weißdorn (*Crataegus monogyna und Crataegus laevigata*) 128
Pfaffenhütchen (*Euonymus europaea*) 132
Schlehe (*Prunus spinosa*) 136
Weiden (*Salix* sp.) 138

Register 142

Literaturverzeichnis 143

Einführung

Was ist Bonsai?

Unten: Japanische Schwarzkiefer, die Anzahl der Äste ist auf das unbedingt Notwendige reduziert.

Unter »Bonsai« versteht man allgemein die in China entstandene Kunst, Bäume in kleinen Gefäßen in Miniaturform zu halten und ihnen durch geeignete Gestaltungsmaßnahmen das Aussehen und die Ausdruckskraft uralter Baumveteranen zu verleihen. Hierzu werden in der asiatischen Tradition die Teile des Baumes, die ihn im Alter besonders auszeichnen, wie kräftige Wurzelansätze, ein dicker Stamm oder kräftige Äste mit konturreichem Grün oft bis ins Extreme hervorgehoben und verstärkt.
So entstanden im Laufe der Jahrhunderte bei manchen asiatischen Bonsai riesige Wurzelansätze und übermäßig dicke Stämme unter gleichzeitiger Reduktion z. B. der Anzahl der Äste.
Die Kunstform wird in Europa ebenso wie das Produkt mit dem japanischen Wort »Bonsai« bezeichnet.
Von China nach Japan gelangt, hat Bonsai ab dem 11. Jh. n. Chr. eine besondere Blüte erlebt. Von Japan sind auch die ersten Miniaturbäume Ende des 19. Jh. nach Europa eingeführt worden.

Warum Bonsai?

Wer sich ernsthaft mit dem Thema befaßt, merkt schnell, daß es viele Gründe – auch für einen Europäer – gibt, sich mit diesen Miniaturbäumen zu befassen: Bonsai bietet zum Beispiel die Möglichkeit, zu einem Baum eine besondere Nähe aufzubauen. Man kann ihn besonders gut beobachten und kennenlernen.
So genau wie in der freien Natur kaum möglich, sind die Erfahrungen über die Lebensbedürfnisse seines Pfleglings, daß der Bonsai-Liebhaber später die Reaktion des Miniaturbaumes auf bestimmte Eingriffe vorhersagen und auch einschätzen kann, welche Gestaltungsmaßnahmen der Pflanze zur Entfaltung und Darstellung ihres inneren Charakters in der äußeren Form am besten verhelfen können.
Bonsai-Kritiker reden oft von »Vergewaltigung der Natur. Die Bäume werden unter kläglichen Bedingungen auf kleinstem Raum gehalten, nur damit sie klein bleiben.« Wer sich so äußert, hat sich erstens nicht genügend mit Bonsai auseinandergesetzt und zweitens die Natur nicht verstanden.
Ein Bonsai wird zwar auf kleinstem Raum, dort aber unter Optimalbedingungen gehalten. Bedingungen, wie sie sich eine Pflanze nicht besser wünschen kann. Er wird ständig mit

Wasser und Nährstoffen versorgt, das Ast- und Blattvolumen wird durch ständigen Rückschnitt in einem gesunden Verhältnis zum Wurzelvolumen gehalten, und durch das Drahten oder Spannen wird jeder Ast in eine Optimalstellung zum Licht gebracht.
Einem Baum in der Natur, der zum Beispiel im Hochgebirge in einer Felsspalte auf einem sehr begrenzten Raum wächst, geht es nicht so gut. Er ist nur sehr knapp mit Nährstoffen versorgt und wird nur sehr unregelmäßig bewässert. Zu lang gewordene Äste sterben hier in Trockenperioden schnell wieder ab. Aber meist hat der Baum wegen Nährstoffmangels kaum Zuwachs im oberirdischen Bereich. Das meiste wird in den Aufbau des Wurzelsystems investiert. An anderen Standorten findet ein ständiger Konkurrenzkampf zwischen den einzelnen Ästen statt. Hier sterben Äste, die nicht mehr genug Licht bekommen, weil der Baum durch ständigen Wildverbiß zu dicht geworden ist, von Natur aus ab.
Ein zum Bonsai ausgesuchter Baum wird zu einem relativ anspruchsvollen Leben ausgesucht, und dieser, von der Natur mit der Fähigkeit versehen, sich auf viele Bedingungen einzustellen, richtet sich darauf ein.
Es beginnt eine Lebensgemeinschaft von gegenseitigem Geben und Nehmen, wie sie sehr häufig in der Natur anzutreffen ist. Der Mykorrhiza-Pilz der Kiefer versorgt diese zum Beispiel mit Wirkstoffen, die die Kiefer widerstandsfähiger machen. Der Baum gibt dem Pilz dafür einige seiner Syntheseprodukte, so daß beide voneinander profitieren.
Der Bonsai erhält einen für ihn günstigen Standort, die beste Nährstoffversorgung, reichliche Wassergaben, er wird vor Schädlingen geschützt, wenn er krank ist, umsorgt, und auch sein Vermehrungsbedürfnis wird gefördert. Sogar sein Bedürfnis zu wachsen kann er unbegrenzt ausleben, da das, was die Wurzeln nicht mehr versorgen können, durch regelmäßigen Rückschnitt wieder entfernt wird und er dann wieder neu austreiben kann.
Sein Partner Mensch bekommt vom Bonsai die Befriedigung vieler Bedürfnisse, wie das nach Verantwortung, nach Kreativität, das Bedürfnis nach Zwiesprache ohne Worte, nach Beschäftigung mit der Natur oder auch einfach die Befriedigung des Sammlertriebes.

Bonsai als Kunst

In China werden Miniaturbäume, die hier »Penjin« genannt werden, auch als stumme Gedichte oder lebende Skulpturen bezeichnet. Tatsächlich wird bei Bonsai ein Baum in eine bestimmte Form gebracht, ähnlich dem Stein, der vom Bildhauer geformt wird.
Allerdings unterscheiden sich beide Kunstformen grundlegend dadurch, daß einmal ein totes und einmal ein lebendes Objekt geformt wird.

Unten: Apfelbaum. Ein extrem dicker Stamm steht für ein hohes Alter.

Einführung

Wie bei anderen Kunstformen ist auch bei Bonsai der Weg von der bloßen Beschäftigung mit dem Thema bis zur Gestaltung eines Kunstwerks sehr langwierig und wird nur von wenigen zu Ende gegangen.
Ein chinesischer Kunstprofessor hat bei einem Besuch in Düsseldorf einmal gesagt: »In einem Bonsai-Meister müssen sich drei Personen harmonisch vereinigen: der Handwerker, der Gärtner und der Kreateur(Künstler). Alle drei müssen sorgfältig ausgebildet werden.«
Als erstes sollte man sich mit den gärtnerischen Aspekten vertraut machen. Dann müssen handwerkliche Fähigkeiten entwickelt werden, und erst später kann erfolgreich, das heißt auch ohne Schaden für die Pflanze, gestaltet werden.

Bonsai-Gestaltung

Bei Bonsai kommt der Gestalter ohne die Mithilfe der Pflanze niemals zum Ziel. Bonsai ist eine Wechselspiel zwischen Gestalter und »Skulptur«. Die erste Gestaltung ist quasi ein »Vorschlag« an den Baum, in einer bestimmten Form weiterzuwachsen. Aus der Reaktion der Pflanze läßt sich ihre Bereitschaft hierzu ablesen und kann als deren Antwort angesehen werden.
Wo die Pflanze nicht dem Vorschlag des Gestalters folgt, muß ein neuer Weg, ein Kompromiß gefunden werden. Wo die Pflanze den Vorschlag akzeptiert und in die gewünschte Richtung ihre Äste treibt, kann der Gestalter erneut eingreifen und Richtungskorrekturen im Wuchs vornehmen.
Die Art und Weise, wie der Gestalter seine Gestaltungsvorschläge an dem zukünftigen Bonsai vornimmt, erscheinen oft radikal. So werden z. B. Äste an einer genau festgelegten Stelle abgeschnitten, um einen Neu-

Rechts: Zirbelkiefer am natürlichen Standort. Solche vom Leben gezeichnete Bäume können Ideen für die Bonsai-Gestaltung liefern.

austrieb in einer bestimmten Richtung zu erreichen, oder es werden Äste mit Hilfe von Drähten nach unten gebogen, um den Eindruck eines alten Baumes zu erreichen.
Die meisten der Gestaltungsmaßnahmen sind allerdings von der Natur abgeschaut und werden deshalb von der Pflanze auch vertragen.
Auf Wildverbiß (= Rückschnitt) reagiert ein Baum in der Natur durch besonders üppigen Neuaustrieb, auf starke Schneebelastung (= nach unten drahten) der Äste durch eine Korrektur der Wuchsrichtung.
Auf felsigem Gelände haben viele Bäume nur begrenzte Möglichkeiten, ihre Wurzel auszubreiten. Besonders im Hochgebirge sind uralte, durch geringen Wurzelraum, z. B. in einer Felsspalte (= Bonsai-Schale), kleinwüchsig gebliebene Bäume zu finden.
Das Ergebnis jahrelanger Zusammenarbeit zwischen Mensch und Pflanze ist in den meisten Fällen ein Kompromiß zwischen den ursprünglichen Vorstellungen des Gestalters und dem, was die Pflanze beiträgt.
Die Vorstellungen verschiedener Gestalter können sehr unterschiedlich sein. Der eine versucht, seine Pflanze kompakt, dicht, grün und gesund zu halten. Er freut sich über viele Blüten und üppige Fruchtansätze und hat sonst keine weitergehenden Erwartungen an den Miniaturbaum, außer daß er möglichst alt werden soll.
Ein anderer plant alle Äste der Pflanze genau vor. Er versucht, diese in eine genau festgesetzte Stellung zu bringen und entfernt konsequent alles, was diesen Plan stört.
Wie stark der Bonsai bis ins einzelne durchdacht sein soll und wieviel Zufall noch zugelassen wird, muß jeder, der Bonsai gestaltet, für sich selbst entscheiden. Diese Entscheidung ist in der Regel nicht endgültig, sondern unterliegt, genau wie ein Bonsai, einer ständigen Entwicklung.

Die ersten Versuche

Anfangs sollte man ganz bescheiden versuchen, einer Pflanze das Aussehen eines einfachen Baumes mit allerdings harmonischen Verhältnissen und stabiler Erscheinung zu geben. Hierzu benötigt ein Anfänger während der ersten Jahre Anhaltpunkte und Hilfestellung in Form von Regeln, die er später verinnerlicht und dann nur noch zur Lösung besonders schwieriger Gestaltungsprobleme bewußt heranzieht.
Um das charakteristische Erscheinungsbild eines Baumes zu erkennen, muß man zunächst den Bauplan eines Baumes in der Natur studieren. Bei der Übertragung dieses Planes auf den späteren Bonsai können die sogenannten Bonsai-Stilarten helfen (siehe Seite 26). Diese komprimieren

Links: Europäische Lärche, streng aufrechte Form, Höhe ca. 40 cm.
Gestaltung: Burghard Stirnberg

Frei aufrechte Form

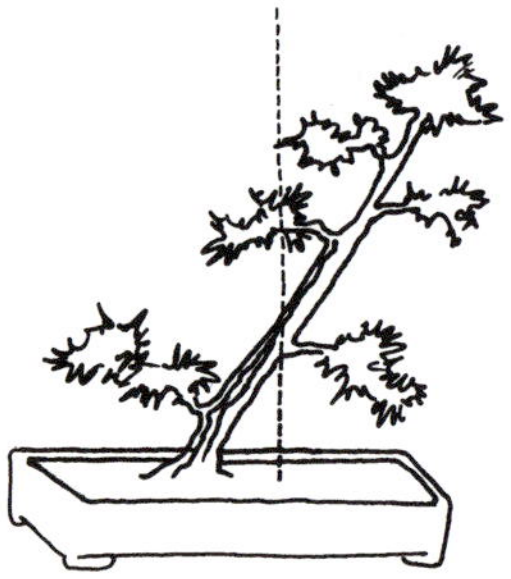
Geneigter Stamm

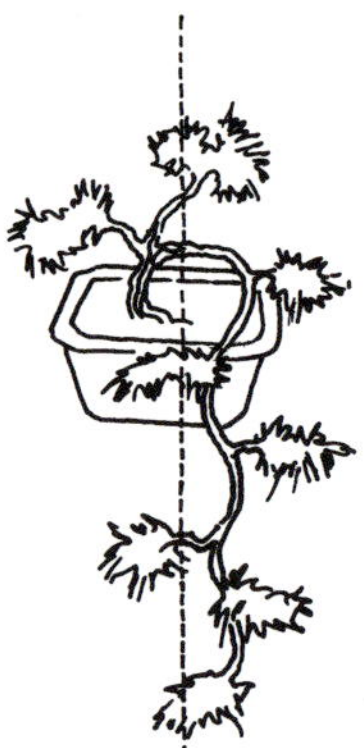
Kaskade

jede in der Natur anzutreffende Wuchsform auf die wichtigsten Elemente und heben sie extrem, oft bis an den Rand des Natürlichen, - hervor.
Ist das Erscheinungsbild eines Baumes vollendet, macht er erst dann einen nachhaltigen Eindruck auf den Betrachter, wenn seine Bauelemente, wie Schale, Wurzelansatz, Stamm, Äste und Blätter harmonisch aufeinander abgestimmt sind. Man kann harmonische Verhältnisse oft durch intuitive Eingriffe erzielen. Ist man sich allerdings nicht sicher, empfiehlt es sich, den Goldenen Schnitt, der sich aus einer rechnerisch erfaßbaren, in der Natur aber immer wiederzufindenden Zahlenreihe ergibt, bei der Festlegung von Größenverhältnissen z. B. das Verhältnis von Stammhöhe zu Kronenhöhe heranzuziehen. (Fibonacci-Folge: Zahlenreihe, bei der sich jede Zahl aus der Summe der beiden vorangegangenen ergibt.)
Natürliche und künstlerische Gebilde, deren Proportionen sich auf die Verhältnisse des Goldenen Schnittes zurückführen lassen, werden von uns, da sie, weil sie in der Natur immer wieder auftauchen, in unserem Unterbewußtsein gespeichert sind, als harmonisch empfunden. So können harmonische Verhältnisse von Stammhöhe zu Baumhöhe errechnet werden. Danach ergibt sich für einen 34 cm hohen Bonsai eine Stammhöhe von 13 cm und eine Kronenhöhe von 21 cm.
Der Goldene Schnitt kann auf die verschiedensten Bereiche angewendet werden. Er kann zur Ermittlung harmonischer Größenverhältnisse zwischen Schalenbreite und Baumhöhe ebenso dienen wie zur Ermittlung harmonischer Abstände der Äste zueinander.
Eine Pflanze mit dem Erscheinungsbild eines Baumes in harmonischen Verhältnissen wirkt nur natürlich, wenn sie stabil und glaubhaft in sich ruhend steht. Große optische Stabilität erreicht man zum Beispiel bei einer aufrechten Form, wenn die Baumspitze über der Stammbasis angeordnet ist. Bei einem »geneigten Stamm« werden die auf der der Neigungsrichtung abgewandten Seite wachsenden Äste kräftiger ausgebildet, oder bei einer Kaskade als Gegengewicht zum nach unten wachsenden Stamm ein kurzer, kräftiger Ast in die Gegenrichtung angelegt und der Baum in ein besonders hohes Gefäß gepflanzt (siehe Skizze).
Ist man nach den ersten Gestaltungsversuchen dem Ziel zu einem harmonischen und stabilen Baum näher gekommen, kann man versuchen, dem Baum durch z. B. einen bestimmten Astverlauf und einer entsprechenden Anordnung der Äste Aussagekraft zu verleihen. Das erreicht man durch die Verwendung immer wiederkehrender geometrischer Figuren, die in vielfältiger Weise zu einem Ganzen, dem Bonsai, kombiniert werden. Diese geometrischen Figuren sind bei Nadelbäumen oft ungleichseitige Dreiecke, die durch das Grün der Nadeln gebildet werden. Aber auch die von den Zwischenräumen einzelner Äste gebildeten Figuren, die sogenannten Negativbereiche, können bewußt eingesetzt werden.
Eine starke Aussagekraft ist erreicht, wenn beim Betrachten des Bonsai die Phantasie angeregt und durch die Komposition der grünen Teile, der Äste und der Negativbereiche das Interesse gefesselt wird.
Wie erwähnt, müssen, bevor das kreative Wirken beginnen kann, die Pflege von Bäumen geübt und die Gestaltungstechniken erlernt werden.

Links: Obwohl der Stamm dieser Fichte höher ist als die Krone, wirkt der Baum harmonisch, weil die Proportionen stimmen.
Gestaltung:
Werner Trachsel

Ganz links: Rotbuche, frei aufrechte Form, Höhe ca. 40 cm.
Gestaltung:
Evi Streetz

Bonsai-Pflege

Standort

Pflanzen sind in der Lage, mit Hilfe des Sonnenlichtes aus Kohlendioxyd (CO_2) und Wasser Sauerstoff und Zucker(Stärke) zu bilden. Diesen Vorgang nennt man Photosynthese. Der Sauerstoff wird an die Atmosphäre abgegeben, während der Zucker als Energiespeicher dient, eingelagert wird und zum Aufbau der Pflanze und zur Erhaltung ihrer Lebensvorgänge verbraucht wird. Hierbei wird dann wieder Kohlendioxid frei und Sauerstoff verbraucht. Bekommt eine Pflanze genügend Licht, bildet sie tagsüber mehr Zucker und Sauerstoff, als sie gleichzeitig für die Aufrechterhaltung der Lebensvorgänge verbraucht. Es entsteht also ein Energieüberschuß. Nur dann kann sie auch wachsen, und der Stamm kann dicker werden.
Jede Baumart kann vorhandenes Licht unterschiedlich gut ausnutzen. Jeder Baum hat also ein individuelles Lichtbedürfnis, nach dem der Standort ausgesucht werden sollte. Ein Bergahorn benötigt zum Beispiel viel Licht, also einen sonnigen Platz, um gesund zu bleiben, während eine Rotbuche geringe Lichtmengen noch nutzen kann und oft im Schatten besonders gut gedeiht.
Eine wichtige Rolle spielt auch die Temperatur. Wird es sehr warm, versucht die Pflanze, sich zunächst durch Wasserverdunstung über die sogenannten Spaltöffnungen der Blätter abzukühlen. Sind allerdings die Wasserreserven erschöpft, werden die Spaltöffnungen geschlossen, um Wasserverluste zu vermeiden. Gleichzeitig wird aber auch die Photosynthese eingestellt, weil das hierzu nötige O_2, das ebenfalls über die Spaltöffnungen aufgenommen wird, nun nicht mehr zur Verfügung steht. Da das Wasserangebot in einer Bonsaischale ständig begrenzt ist, findet an heißen Tagen die längste Zeit keine Photosynthese statt, weil die Pflanze durch Verdunstung zu viel Wasser verbrauchen würde. Deshalb kann sich ein schattiger Ausweichplatz für heiße Tage bei vielen Gehölzarten positiv auf das Wachstum der Pflanze auswirken.
Grundsätzlich müssen die heimischen Gehölze ganzjährig im Freiland, das heißt im Garten oder auf dem Balkon, gehalten werden. Ein Platz unter freiem Himmel ist einem überdachten Standort bei nicht zu extremer Witterung vorzuziehen. Wind und Regen läßt die Blätter härter werden, so daß sie auch widerstandsfähiger gegen Schädlinge oder Krankheiten sind.
Die Rolle des Windes darf nicht unterschätzt werden. Er verhindert z. B. auf dem Balkon das Anstauen von Hitze bei langer Sonneneinstrahlung. Starker Wind entzieht allerdings der Pflanze und auch der Erde große Mengen Wasser, so daß ein Kompromiß zwischen windstiller Ecke und ständigem Wind gefunden werden muß. Ob und wieviel Wind die einzelnen Baumarten vertragen, ist jeweils in der speziellen Artbeschreibung angegeben.

Überwinterung

Der empfindlichste Teil des Bonsai ist die Wurzel, die bei den meisten heimischen Bäumen ab Temperaturen unter –5 °C leidet. Um Schäden an der Pflanze durch Frost zu vermeiden, gräbt man diese im Winter am besten im Garten ohne Schale ein. Dabei wird der Wurzelballen an einer schattigen Stelle so tief in der Erde versenkt, daß der unterste Ast des Baumes noch herausschaut. Da der gesamte Ballen jetzt Kontakt zur Umgebungserde hat und der Boden im Winter meist feucht genug ist, kann, außer bei lang anhaltender Trockenheit, im Winter auf das Gießen verzichtet werden.
Man wählt eine schattige Stelle, weil der Baum Trockenschäden erleidet, wenn bei starkem Frost gleichzeitig die Sonne auf die Äste scheint. Diese können dann auftauen, und auch Wasser verdunstet. Da die Wurzel aber eingefroren bleibt, können sie von unten kein neues Wasser nachtransportieren.
Die Überwinterung im Glashaus ist nur bei voll klimatisierter Anlage vorteilhaft. Bei starker Sonneneinstrah-

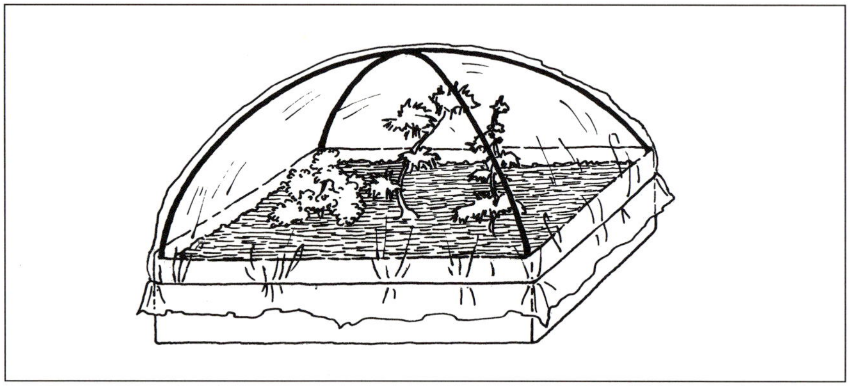

Rechts: Überwinterungskiste

lung muß zum Beispiel ein Ventilator für den nötigen Temperaturausgleich sorgen. Ein großer Nachteil besteht darin, daß die Pflanzen oft mehrere Wochen früher als die im Freien überwinterten Bäume ausschlagen. Die Tage sind zu dieser Zeit aber noch erheblich kürzer, so daß die Blattabstände wegen des geringen Lichtangebotes besonders groß ausgebildet werden.
Steht kein Garten zur Verfügung, kann man die Pflanzen auch auf dem Balkon in einem möglichst großen Behälter, z. B. einer Gemüsekiste, die mit einem Gemisch aus Torf und Sand gefüllt ist, überwintern. Ist der Balkon überdacht, so daß kein Regen die Überwinterungskiste erreichen kann, muß man natürlich regelmäßig gießen.
Auch ein heller Speicher oder eine Garage können als Winterquartier dienen. Immergrüne Bäume sollten vor einem Garagenfenster wöchentlich gedreht werden. Auch auf eine ausreichende Bewässerung muß man achten, was besonders bei einer Überwinterung auf dem Speicher mühsam sein kann.
Die Einwinterung kann nach dem Laubabwurf erfolgen. Sobald die Knospen im Frühjahr schwellen, nimmt man die Pflanze wieder aus dem Überwinterungsquartier und bereitet sie auf ein neues Jahr vor.

Bewässerung

Die Bewässerung muß mit noch größerer Sorgfalt durchgeführt werden als bei normalen Topfpflanzen. Da das Gefäß, in dem der Miniaturbaum kultiviert wird, im Verhältnis zur Topfpflanze noch viel kleiner ist, ist das gespeichterte Wasser auch entsprechend schneller verbraucht.
Bei gut eingewurzelten Bäumen wird der größte Teil des Wassers von der Pflanze selbst verbraucht.

Ein beträchtlicher Teil verdunstet aber je nach Wetter mehr oder weniger schnell über die bei Bonsai besonders große Oberfläche des Pflanzgefäßes.
Die im Gießwasser gelösten Salze bleiben dabei im Gefäß zurück, können sich dort anreichern und zu Wurzelschäden führen.
Dies verhindert man, wenn man möglichst oft Regenwasser oder anderes salzarmes Wasser benutzt. Ist dies nicht möglich, sollte man immer so reichlich wässern, daß ein großer Teil des Wassers durch die Abzugslöcher wieder abfließt und so angereicherte Salze wieder ausgeschwemmt werden. Hierbei werden allerdings auch Nährstoffe und Spurenelemente ausgewaschen.
Bäume ertragen erhöhte Salzgehalte im Boden unterschiedlich gut. Deshalb wird im speziellen Teil immer auch auf den Grad der Salzempfindlichkeit hingewiesen.
An heißen Tagen verdunstet der Baum eine große Mengen Wasser über die Blätter, um sich abzukühlen.
Mit dem Wasser werden auch einige Salze bis in die Blätter transportiert und hier besonders in den Zellen am Blattrand abgelagert. Auch hier verursachen zu hohe Salzkonzentrationen

Oben links: Bei starker Sonneneinstrahlung verdunstet ein großer Teil des Wassers zur Abkühlung über das Laub, eine nicht geringe Menge wird aber auch über die Oberfläche der Erde abgegeben.

Unten links: Richtig präsentiert, läßt der Anblick eines Bonsai keinen Betrachter unbeeindruckt. Blick in den Bonsai-Garten von Pius Notter

Oben rechts: Ein dichtes Laubdach leitet den Regen neben die Schale. Deshalb muß oft auch nach starken Niederschlägen gegossen werden.

Schäden, die sich zum Beispiel als braune Blattränder bemerkbar machen. Also besonders an heißen Tagen salzarmes Wasser verwenden!
Für die Häufigkeit des Gießens gibt es keine feste Regel, da der Wasserbedarf je nach Wetter und Baumart stark variiert. So muß bei Regen meist weniger gegossen werden als bei sonnigem Wetter. Trotz Regen muß ein im Freien stehender Baum regelmäßig auf genügende Ballenfeuchte kontrolliert werden, da bei dichten Laubkronen der Regen über die Blätter an der Schale vorbeigeleitet wird und deshalb die Erde trocken bleiben kann.
Das meiste Wasser wird bei starker Sonneneinstrahlung oder bei starkem Wind verbraucht. Als Anhaltspunkt kann die Erdoberfläche dienen: Erscheint diese nur noch leicht feucht oder gerade trocken, kann gegossen werden.

Pflanzerde

Als Pflanzsubstrat kann für alle hier beschriebenen Gehölze eine Mischung aus Torf, Sand und Lehmgranulat (AKADAMA, Japanerde) im Verhältnis von 1:1:1 dienen. Es ist allerdings dringend zu beachten, daß diese Mischung kaum Nährstoffe enthält, also eine gute Düngung notwendig ist. Je höher der Lehmanteil im Substrat ist, um so mehr Dünger ist erforderlich. Ist ein anderes Mischungsverhältnis für eine bestimmte Art besonders vorteilhaft, wird hierauf im speziellen Teil hingewiesen.

Eigenschaften der verschiedenen Erdeanteile:
Sand fördert die Wasserdurchlässigkeit des Substrates. Bei hohem Sandgehalt trocknet das Substrat an der Oberfläche sehr schnell aus, so daß oft zu früh wieder gegossen wird, obwohl das sandige Substrat im Innern lange naß bleibt. Deshalb wird Sand nicht in großen Mengen dem Substrat beigemischt.
Lavagranulat, das aus zerstoßenem Vulkangestein gewonnen wird, hat ein hohes Wasserspeichervermögen durch zahlreiche kleine Hohlräume, die, wenn sie nicht mit Wasser gefüllt sind, die Sauerstoffversorgung der Wurzeln günstig beeinflussen. Außerdem enthält Lava viele Spurenelemente, die an die Pflanze abgegeben werden können. Lavagranulat kann zum Teil den Sand im Substrat ersetzen.
Torf dient hauptsächlich als Wasserspeicher. Er enthält selbst kaum Nährstoffe, wird aber durch Kalkung und Grunddüngung häufig aufbereitet.

Unten rechts: Typische Schäden nach heißen Tagen.

Ganz rechts: Rotbuche im Herbst, Höhe ca. 50 cm, gestaltet aus einem Findling.

Statt Torf kann dem Substrat auch Humus beigemischt werden. Humus hat auch ein hohes Wasserpeichervermögen und enthält pflanzenverfügbare Nährstoffe sowie einen hohen Anteil an Mikroorganismen, die für eine lockere, krümelige Struktur der Pflanzerde sorgen können.
Lehm ist in der Lage, das Puffervermögen des Substrates zu erhöhen. Lehm kann große Mengen Wasser binden, ohne daß die Pflanzenwurzeln im »Nassen« stehen, und dieses Wasser langsam wieder an die Umgebung abgeben. Ebenso können Nährsalze gebunden und später wieder an die Pflanze freigegeben werden.
Erde mit hohem Lehmanteil verdichtet allerdings sehr schnell und ist im trockenen Zustand »knochenhart«.
Eine aus Japan stammende körnige Lehmerde, Akadama genannt, kann den normalen Lehm im Erdgemisch ersetzen. Sie wird in Japan für viele Bäume zu hundert Prozent verwendet.
Durch seine Grobkörnigkeit, die es lange beibehält, verdichtet das mit Akadama angereicherte Pflanzsubstrat nicht. Die positiven Eigenschaften des Lehms sind auch bei Akadama vorhanden. Der pH-Wert von Akadama liegt im neutralen Bereich, und der Anteil an organischen Bestandteilen und Nährstoffen ist sehr gering.

Umpflanzen

Junge Pflanzen gedeihen am besten, wenn sie einige Jahre im Garten eingepflanzt gehalten werden. Dort werden sie alle zwei Jahre im Frühjahr umgesetzt. Gleichzeitig wird der Wurzelballen so beschnitten, daß nur ein Kranz von Seitenwurzeln stehen bleibt und keine Hauptwurzeln direkt

Von links oben nach rechts unten: Sitzt der Bonsai zu fest in der Schale, hilft ein Sichelmesser beim Umpflanzen (1).

Zum Auflockern und Entfernen der alten Erde dient eine sogenannte Kralle (2).

Zur Förderung des Wurzelansatzes entfernt man alle Wurzeln, die direkt unter dem Stamm nach unten wachsen (3).

Die Schalenlöcher werden mit neuen Gittern versehen. Dann wird eine dünne Drainageschicht eingefüllt (4).

Der Baum wird nun zurück in die Schale gesetzt. Dann wird bis zur Hälfte der Schalenhöhe Lehmgranulat eingefüllt (5).

Schließlich wird mit Bonsai-Erde aufgefüllt. Bis zur Bildung einer Moosdecke kann der Wurzelfuß optisch hervorgehoben werden, indem er mit Sand oder Lehmgranulat umgeben wird (6).

nach unten wachsen. Diese verbliebenen Wurzeln, die später den wichtigen Wurzelansatz bilden, werden, da sie allein für die Versorgung des ganzen Baumes sorgen müssen, nun besonders kräftig. Vom Baum werden in den nächsten zwei Jahren wieder zusätzliche Wurzeln gebildet. Beim nächsten Umsetzen werden wieder nur diejenigen stehengelassen, die zur Bildung des zukünftigen Wurzelansatzes notwendig sind.
Hat der Stamm eine gewisse Dicke erreicht, kann er in eine erste Bonsai-Schale gepflanzt werden.
Steht kein Garten zur Verfügung, kann eine junge Pflanze auch einige Jahre in einem größeren Pflanzkübel oder einer Kiste gehalten werden. Hier muß man die Hälfte der Erde alle zwei Jahre auswechseln. Mit den Wurzeln wird so wie oben beschrieben verfahren. Das Dickenwachstum im Freiland ist meist etwas stärker. Im großen Pflanzgefäß ist es allerdings einfacher, den Baum in den ersten Jahren exakt zurückzuschneiden und ihn bereits zu gestalten.
Ein in einem Pflanzgefäß gehaltener Baum, der sich noch im Anfangsstadium seiner Entwicklung befindet, benötigt im Durchschnitt alle zwei Jahre neue Erde. Ältere Bonsai können auch seltener umgepflanzt werden.
Die beste Zeit zum Umtopfen ist für alle Laubgehölze das zeitige Frühjahr vor dem ersten Laubaustrieb. Nadelbäume lassen sich auch gut Ende August bis September umtopfen.
Hierbei können ein Drittel der Wurzeln und zwei Drittel der alten Erde entfernt werden. Der Ballenkern bleibt unberührt, es sei denn, es sind besondere Maßnahmen zur Verbesserung des Wurzelansatzes notwendig. Dann kann auch im Kernbereich des Ballens gearbeitet werden.
Man geht folgendermaßen vor:
Mit einer Kralle löst man vorsichtig die sehr dichten Wurzeln voneinander und lockert so den festen Ballen auf.
Die meist mehrmals im Kreis den Schalenboden entlang gewachsenen äußeren Wurzeln hängen nun lang herunter. Sie werden bis an den Ballenkernbereich eingekürzt. Hierdurch erreicht man eine bessere Verzweigung der Wurzeln.
Die zwischen den verbleibenden Wurzeln steckende Erde wird zum Teil mit entfernt.
Die Pflanze wird nun in die vorbereitete Schale gesetzt. Sie kann, wenn der Ballen nicht flacher als die Schalenhöhe ist, direkt auf den Schalen-

boden gesetzt werden. Der Ballen darf allerdings nicht die Abzugslöcher ganz verdecken. Das notwendige Drainagematerial, das auch aus Lehmgranulat(AKADAMA) bestehen kann, füllt man nun von der Seite her ein. Lehmgranulat kann man bis zur halben Schalenhöhe einfüllen, anderes Drainagematerial wie Kies oder Lavagranulat zwischen 1 cm und einem Drittel der Schalenhöhe.
Nun wird mit Bonsaierde aufgefüllt. Achten Sie darauf, daß zwischen den Wurzeln keine Hohlräume bleiben. Man stopft deshalb vorsichtig, evtl. mit Hilfe eines Holzstabes, die Erde auch zwischen die Wurzeln. Anschließend gießt man kräftig an. Soll der Bonsai später an einem besonders windigen Platz stehen, kann der Ballen noch mit Hilfe eines durch die Abzugslöcher gehenden Drahts festgebunden werden.
Nach dem Umpflanzen sollte der Bonsai zwei Wochen an einem vor Wind und Sonne geschützten Platz aufgestellt und nicht gedüngt werden.

Rückschnitt

Ein Hauptgrund, warum ein Bonsai klein bleibt, ist der regelmäßige Rückschnitt.
Je nach Entwicklungsstand, gewünschter Größe und je nach Baumart wird unterschiedlich stark und häufig zurückgeschnitten.
Der Laubgehölz-Sämling wird im 1. Jahr gar nicht und im 2. Jahr nur einmal zurückgeschnitten.
Nadelbäume werden erst im 3. Jahr zurückgeschnitten.
Bei einer drei- bis fünfjährigen Jungpflanze eines Laubbaumes schneidet man, wenn der Stamm besonders schnell dick werden soll, höchstens zweimal im Jahr und zwar, wenn der Neuaustrieb zwei Drittel der geplanten Baumhöhe erreicht hat. Dann kürzt man die Pflanze allerdings sehr stark ein, je nach Stellung des Astes in der Krone auf 1–5 Blätter.
Wird mehr Wert auf feine Verzweigungen sowie wenig sichtbare Schnittstellen gelegt und übt man sich bei der Stammdicke in etwas mehr Geduld, wird der Neuaustrieb zurückgeschnitten, sobald sich 5–8 Blätter zeigen.
Der Schnitt bei älteren, bereits gut entwickelten Bäumen erfolgt ebenfalls, wenn der Neuaustrieb 5–8 Blätter gebildet hat. Besonderheiten der einzelnen Arten sind im speziellen Teil nochmals aufgegriffen.
Daß nach jedem Rückschnitt die meisten Bäume innerhalb kurzer Zeit neu austreiben, ist folgendermaßen zu erklären:
An wachsenden Triebspitzen wird ein Hormon gebildet, das über den Bast (Rinde) nach unten geleitet wird und den Austrieb der weiter unten liegenden, zwar vorhandenen, aber ruhenden Knospen hemmt. Wird diese Triebspitze durch den Rückschnitt entfernt, fehlt die hemmende Wirkung des Hormons, und die der Schnittstelle am nächsten liegende Knospe kann sich entwickeln. Sie produziert aber nun ihrerseits das hemmende Hormon, so daß meist nur noch eine weitere Knospe austreibt.
Damit der letzte Austrieb allerdings auch winterhart ist, benötigt er eine gewisse Zeit der Reife, in der er kräftiger werden verholzen und Winterknospen anlegen kann. Deshalb wird den im August noch wachsenden Trieben, sobald sie 1–3 Blätter oder Blattpaare gebildet haben, die Triebspitze entfernt. Hierzu benutzt man eine Pinzette oder die Fingernägel. Dieser Arbeitsgang wird nachfolgend

Links: Die Werkzeuge (von 1 Uhr nach 12 Uhr): die kleine und große Knospenzange; die breite und schmale Konkav-Zange (3 Uhr); Aluminiumdraht wird mit der speziellen Drahtzange geschnitten; starke kurze Drahtenden lassen sich mit der Jin-Zange (5 Uhr) leicht biegen; mit der Pinzette werden junge Triebspitzen entfernt (pinzieren); die Kralle lockert die Wurzelballen; mit der Drahtbürste (8 Uhr) werden Jin- und Sharipartien gesäubert; der Bonsai-Besen pflegt die Erdoberfläche; mit der Zwinge korrigiert man kräftige Äste; die verschiedenen Scheren dienen zum Rückschnitt feiner und starker Äste; mit dem Blattschneider (12 Uhr) entfernt man Blätter.

Links: Stärkere Äste werden mit Knospen- oder Konkav-Zange entfernt und die Schnittstellen verschlossen.

Rechts: Größere Schnittstelle nach ca. 6 Monaten.

Ganz rechts: Feldahorn im Sommer (vergleiche S. 50).

»pinzieren« genannt. Wenn die im Substrat noch vorrätigen Stickstoffmengen nicht zu hoch sind, stellt der Baum jetzt das Wachstum ein und bereitet sich auf den Winter vor.

Kräftige Äste richtig entfernen. Häufig stellt sich auch nach mehrjähriger Gestaltung heraus, daß ein schon sehr kräftiger Ast aus gestalterischen Gründen nun doch entfernt werden muß. Auch wenn ein Bonsai aus einer vorgestalteten Rohpflanze, einem Findling oder einer Baumschulpflanze gestaltet werden soll, müssen meist kräftige, alte Äste entfernt werden.
Dies geschieht bei Laubgehölzen am besten während der Vegetationszeit zwischen April und Juni. Während dieser Zeit wachsen die entstehenden Schnittstellen besonders schnell zu. Zum Abschneiden ganzer Äste eignet sich sehr gut eine Konkav-Zange oder eine Knospenzange. Beide Werkzeuge hinterlassen eine nach innen gezogene Schnittwunde, die besser verheilen kann. Allerdings muß sie mit einem Wundverschlußmittel behandelt werden. Besonders gute Ergebnisse haben wir mit einer japanischen Wundpaste erzielt, die, im Gegensatz zu Lac-Balsam, nachdem die Wunde zugewachsen ist, leicht wieder entfernt werden kann. Bei Nadelbäumen kann man versuchen, den Ast als Jin am Baum zu belassen. Sollte er doch entfernt werden, kann dies bei Kiefern und Fichten auch sehr gut im Winter geschehen. Während der Hauptwachstumszeit lassen sich diese allerdings ebensogut abschneiden. Bei Lärchen wachsen im Frühjahr entstandene Wunden am schnellsten zu.

Düngung

Im Frühjahr mit Austriebsbeginn erfolgt die 1. Düngung. Diese kann stickstoffbetont sein, da jetzt der Stickstoffbedarf besonders hoch ist. Laubbäume benötigen mehr Stickstoff als Nadelbäume. Je nach Wetter und Art des Düngers (z.B. werden flüssige Dünger bei starkem Regen leicht ausgeschwemmt) werden die Nährstoffgaben nun wöchentlich, vierzehntägig oder monatlich wiederholt.
Der Stickstoffgehalt des Düngers sollte mit fortschreitendem Jahr immer weiter abnehmen und zum Herbst hin auf Null sein.
Will man den Stickstoffanteil solchermaßen variieren, muß natürlich unterschiedlicher Dünger verwendet werden. Zum Beispiel kann man mit Düngekugeln aus Rapsschrot das Jahr beginnen und mit Kakteendünger, der einen besonders niedrigen Stickstoffgehalt hat, im August das Düngejahr abschließen. Ein spezieller Kali/Phosphat-Dünger, im zeitigen Herbst verabreicht, fördert die Frostresistenz und das Dickenwachstum, ist aber nur schwer in flüssiger Form erhältlich und in der handelsüblichen Salzform nur von Spezialisten genau dosierbar. Ein Bonsai-Anfänger sollte davon deshalb Abstand nehmen.
Will man nur eine Art Dünger verwenden, gibt man während der Wachstumszeit viel, zum Herbst hin wenig Dünger. Die letzte Düngung erfolgt im August.

Mineralischer Dünger

Hier liegen die Nährstoffe in für die Pflanze sofort verfügbarer Form vor. Es handelt sich in der Regel um Salze, die im flüssigen Mineraldünger in Wasser gelöst sind. Wie bereits erwähnt, können zu hohe Salzkonzentrationen im Boden schädlich sein. Deshalb muß man mit diesen Düngern sehr vorsichtig umgehen. Es schont die Pflanze, wenn nur die Hälfte der angegebenen Düngerkonzentration, diese aber dafür öfter angewandt wird. Bevor man düngt, muß der Ballen gut angefeuchtet sein. Für Bonsai geeignet sind Mineraldünger hauptsächlich in flüssiger Form oder als speziell für Bonsai hergestellte Mischung ungelöster Nährsalze in fester Form.
In letzter Zeit werden auch häufig sogenannte Dauerdünger, die in kugeliger oder granulierter Form angeboten werden, verwendet. Hier ist der Nährstoff in ein Material eingehüllt, das nach einer gewissen Zeit verwittert und dann den Dünger freisetzt. Auch hier ist Vorsicht geboten, da – einmal in den Boden gegeben – keine Kontrollmöglichkeit mehr über die der Pflanze zur Verfügung stehenden Nährstoffe besteht.
Die für private Zwecke angebotenen flüssigen Mineraldünger sind in der Regel Volldünger, das heißt, die

wichtigsten Nährstoffe und manchmal auch Spurenelemente sind enthalten, und zwar in einem auf der Flasche angegebenen Verhältnis.

Organischer Dünger

In solchen Düngern liegen die Nährstoffe in organisch gebundener Form vor. Diese Dünger müssen erst durch Mikroorganismen abgebaut werden, um für die Pflanze verfügbar zu sein.
In der Regel werden in einem gesunden Boden die Nährstoffe laufend, aber in geringen Mengen, freigesetzt und dann sofort von der Pflanze verbraucht. Die Gefahr der Überdüngung ist deshalb nicht gegeben.
Die meisten organischen Stoffe, die als Dünger verwendet werden, enthalten Nährstoffe in sehr einseitiger Form:
Dünger mit sehr hohem Stickstoffanteil sind Hornspäne und Rapsschrot. Einen hohen Phosphatanteil enthält Blutmehl.
Die im Handel erhältlichen organischen Bonsai-Dünger bestehen in der Regel aus einer für Pflanzen harmonischen Mischung verschiedener organischer Bestandteile.

Bedeutung und Wirkung der Nährstoffe für die Pflanze

Stickstoff (N)
Auf der Erde bildet reiner Stickstoff mit ca. 78% den Hauptbestandteil der »Luft« .
Im pflanzlichen Organismus wird Stickstoff als Bestandteil des Chlorophylls und als Eiweißbaustein besonders für alle Wachstumsvorgänge benötigt.
Im Boden kommt Stickstoff meist in organischen Verbindungen vor. Diese werden durch Mikroorganismen abgebaut, und so wird der Stickstoff für Pflanzen verfügbar. Pflanzen nehmen Stickstoff über die Wurzel in Form von NH_4-Kationen oder NO_3-Anionen auf. Über die Spaltöffnungen des Blattes können auch Harnstoff-Moleküle $CO(NH_2)_2$ aufgenommen werden.
Einige Pflanzen, z. B. die Erle, können mit Hilfe sogenannter Wurzelknöllchen-Bakterien ihren Stickstoffbedarf aus dem Luftstickstoff decken.
Stickstoffmangel erkennt man am schwachen Wachstum und einer hellgelben Blattfärbung.

Phosphor (P)
In der Natur kommt Phosphor hauptsächlich in organischen Verbindungen, z. B. Eiweiß und Knochen vor. Ungedüngte Böden sind bei uns phosphorarm.
Die Pflanze benötigt Phospor z. B. zum Aufbau der Nukleinsäuren, vor allem aber für den Energiestoffwechsel und andere Stoffwechselvorgänge. Außerdem fördert Phosphor die Ausbildung von Blüten und Früchten.
Phospor wird über die Wurzel in Form von Phosphat-Anionen aufgenommen. Deren Verfügbarkeit ist allerdings stark vom pH-Wert des Bodens abhängig. Außerdem wird Phosphat von Tonmineralien absorbiert, also festgehalten, was seine Verfügbarkeit einschränken kann.
Viel Phosphor enthält Knochenmehl.
Phosphormangel zeigt sich durch schwaches Wachstum trotz grüner Blätter und geringe Widerstandfähigkeit gegen Krankheiten und Frost.

Kalium (K)
Dieses sehr reaktionsfreudige Element kommt in der Natur nicht in reiner Form vor. Es ist Bestandteil vieler Minerale.
Kalium steuert wichtige Abläufe in den meisten Stoffwechselvorgängen von Pflanzen und hat eine wichtige Aufgabe wegen seiner osmotischen Wirkung. Für Bonsai besonders wichtig ist die Förderung der Frostresistenz. In organische Verbindungen wird Kalium nicht eingebaut.
Über die Wurzel werden von der Pflanze K^+-Ionen aufgenommen. Deren Konzentration kann den verfügbaren Ca^+ und Mg^{2+} Anteil beeinflussen. Deshalb müssen diese Elemente in einem harmonischen Verhältnis im Boden vorhanden sein.
Organische Dünger enthalten immer auch Kalium-Anteile. Eine selektive Kaliumdüngung muß mit Mineraldünger erfolgen.
Einen evtentuellen Mangel erkennt man an braunen bis gelblichen Blatträndern oder dem Absterben ganzer Blätter.

Calcium (Ca), Kalk
Im Boden kommt Calcium als Carbonat, Sulfat oder Phosphat vor und ist Bestandteil vieler Mineralien und Gesteine.
Calcium wird vor allem zum Aufbau der Zellwände benötigt und ist für die Zellvermehrung und das Wurzelwachstum von großer Bedeutung.
Es wird als Ca^{2+}-Kation über die Wurzel aufgenommen.
Kalkdüngung wirkt der Bodenversauerung entgegen, was sich für das Bodenklima und die Bodenstruktur positiv auswirkt und damit auch auf die Aktivität der Mikroorganismen und die daraus resultierende Verfügbarkeit der übrigen Nährstoffe. Calcium ist in hartem Leitungswasser in großen Mengen enthalten.
Calciummangel erkennt man an schwachem Wachstum, niedriger Resistenz gegen Krankheiten oder gelbem Austrieb.

Magnesium (Mg)
Magnesium kommt in der Natur nicht in reiner Form vor und ist im Boden meist als Carbonat vorhanden. Als Bestandteil häufiger Gesteine (Dolomit) ist es an der Bildung ganzer Gebirgszüge beteiligt.
In der Pflanze ist es zur Bildung des

Chlorophylls unentbehrlich. Außerdem ist es an der Steuerung vieler Stoffwechselvorgänge beteiligt. Magnesiummangel erkennt man an gelblicher Verfärbung älterer Blätter (=Chlorose), wobei die Blattadern grün bleiben.

Schwefel (S)
Schwefel ist Bestandteil einiger Aminosäuren. Da Schwefel in der Luft in Form von SO_2 reichlich vorhanden ist und mit dem Regen in den Boden gelangt, kann es beim Düngen vernachlässigt werden.

Spurenelemente

Bor (B)
Wird in Form von $H_2BO_3^-$, HBO_3^{2-} Ionen aufgenommen und ist bedeutsam für den Kohlenhydratstoffwechsel und den Aufbau der Zellwand. Mangel zeigt sich durch Vergilben und Absterben junger Triebe.

Kupfer (Cu)
Wird in Form von Cu^{2+}-Ionen aufgenommen und ist Bestandteil einiger Enzyme und an der Eiweißsynthese beteiligt. Mangel zeigt sich durch weiße Blattspitzen.

Mangan (Mn)
Wird in Form von Mn^{2+} aufgenommen und steuert viele Stoffwechselvorgänge. Bei Mangel entstehen unregelmäßige braune Flecken an meist älteren Blättern.

Eisen (Fe)
Wird in Form von Fe^{2+}-Ionen aufgenommen und ist am Chlorophyllaufbau beteiligt. Bei Mangel erscheint der frische Austrieb hell gelb.

Zink (Zn)
Wird in Form von Zn^{2+}-Ionen aufgenommen und steuert die Aktivität bestimmter Enzyme, die Bildung bestimmter Hormone und ist an der Photosynthese beteiligt.

Links: Fichte, Höhe ca. 70 cm, gestaltet aus einem Findling.
Gestaltung: Werner Trachsel

Kobalt (Co)
Co^{2+} wird von den Knöllchenbakterien zur Bindung des Luftstickstoffs benötigt. (siehe Erle S. 58).

Molybdän (Mo)
Wird als MoO_4^{2-}-Ion aufgenommen und steuert bestimmte Abläufe im Stickstoff-Stoffwechsel. Als Mangelerscheinung ist in der Regel eine Gelbfärbung und Verformung der jungen Blätter zu beobachten.

Der natürliche Wachstumsrhythmus

Die hier beschriebenen Arten zählen zu den Gehölzen mit sekundärem Dickenwachstum, d. h., die Pflanzen werden mit zunehmendem Alter immer dicker. Eine bestimmte Zellschicht, das sogenannte Kambium bildet durch Zellteilung im Laufe der Vegetationszeit nach innen Holzzellen und nach außen Bastzellen.
Im Holzbereich findet der Wassertransport von den Wurzeln bis zu den äußeren Astspitzen, also von unten nach oben statt. Ein Teil der Bastzellen dient dagegen dem Transport von Assimilationsprodukten von den Blättern bis zu den feinsten Wurzelhaaren, also von oben nach unten.
Im Frühjahr, hauptsächlich angeregt durch ansteigende Temperaturen, schwellen die Knospen, und die Laubbäume beginnen, Blätter auszutreiben. Diese liefern bereits Assimilationsprodukte. Erst jetzt beginnen die Wurzeln zu wachsen, während der Neuaustrieb sich kräftig entwikkelt, schließlich das Wachstum einstellt und aushärtet. Während der Aushärtungsphase haben die Wurzeln ihren Wachstumshöhepunkt erreicht, der im Juni mit dem Einsetzen des sogenannten Johannistriebes, dem natürlichen 2. Laubaustrieb, abgeschlossen ist.
Ein weiterer Wachstumsschub findet mit dem Aushärten des Johannistriebes und noch einer im Herbst mit der Beendigung der Fruchtbildung und der Aushärtung der letzten Kurztriebe und der Vorbereitung auf den Winter statt.
Nadelbäume dagegen zeichnen sich durch ein besonders starkes Wurzelwachstum im Juli und August aus. Während der Phasen starken Wurzelwachstums ist die Nährstoffaufnahme besonders groß.
Das Wurzelwachstum ist während der Vegetationszeit dem Sproßwachstum nachgeschaltet. Hält man sich aber vor Augen, daß die durch steigendes Wurzelwachstum im Herbst vermehrte Nährstoffaufnahme zum Aufbau von Reservedepots dient, die den Laubaustrieb im Frühjahr ermöglichen, kann man das ganze auch umgekehrt sehen: Die im Herbst wachsenden Wurzeln verschaffen der Pflanze die Nährstoffe, die zum Aufbau des Frühjahrsaustriebes benötigt werden, die nach dem Frühjahrsaustrieb stark wachsenden Wurzeln besorgen Nährstoffe, die für den Johannistrieb benötigt werden.
Phasen besonders starken Dickenwachstums liegen zwischen Frühjahrsaustrieb und Johannistrieb, sowie im Herbst von September bis Oktober.
Während im Frühjahr das Dickenwachstum zunächst mit dem Aufbau neuer Leitungsbahnen zur Wasserversorgung der neuen Langtriebe beginnt und im Anlegen von Reservezellen endet, wird das Dickenwachstum im Herbst hauptsächlich durch das Entstehen großer Reservedepots verursacht.
Die Kenntnis dieser Sachverhalte läßt verschiedene Schlüsse zu. ‚Z.B. las-

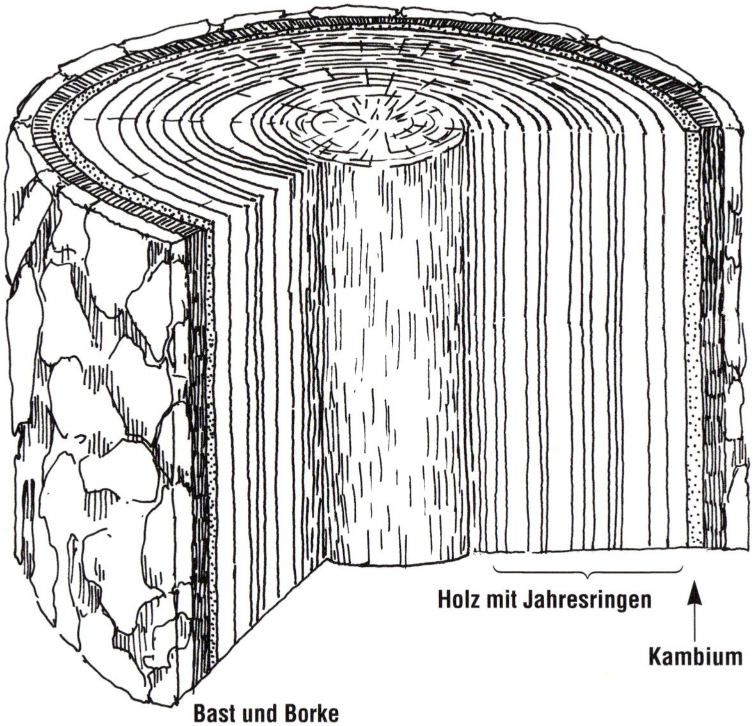

Rechts: Schnitt durch ein Gehölze, stark vereinfacht.

Mitte: Nach einem Blattschnitt (hier Linde) ist der natürliche Wachstumsrhythmus nachhaltig gestört.

Ganz rechts: Feldulme während des Frühjahrsaustriebes (vergleiche S. 100), diese Form kann noch als »Doppelstamm« gelten.

sen sich die günstigste Zeiten für den Wurzelschnitt ableiten: Für die meisten Laubbäume ist ein Wurzelschnitt vor dem Laubaustrieb im Frühjahr am leichtesten zu verkraften, weil genügend Reserven eingelagert sind und nach dem Laubaustrieb gleich neue Wurzeln gebildet werden. Dagegen kann ein frühzeitiger Wurzelschnitt im Herbst das Dickenwachstum verringern, da weniger Reserven eingelagert werden können, wodurch auch der Frühjahrsaustrieb geschwächt wird.
Nadelbäume können auch schon im Sommer einen Wurzelschnitt erhalten, weil sie in dieser Zeit besonders schnell neue Wurzeln bilden.

Wachstumsrhythmus bei Bonsai

Dieser natürliche Rhythmus wird bei der Bonsai-Gestaltung durch die verschiedenen Gestaltungsmaßnahmen beeinflußt und kann gezielt ausgenutzt werden. So sorgt ein Rückschnitt noch während des Frühjahrsaustriebes für einen raschen 2. Austrieb. Manche Laubbäume wie Ulme, Linde, Hainbuche und Ahorn treiben auch ein 3. und 4. Mal aus, wenn sie immer frühzeitig zurückgeschnitten werden.

Die Bonsai-Stilarten

Die japanischen Stilarten

In Japan haben sich bei der Bonsai-Gestaltung bestimmte Formen in Anlehnung an Wuchsformen der Bäume in der Natur herauskristallisiert.
Viele dieser nachfolgend beschriebenen Stilarten lassen sich auch auf die heimischen Laubbäume anwenden. Wenn wir aber zur Regel machen, daß der Bonsai die natürliche Wuchsform der jeweiligen Baumart essentiell wiedergeben soll, müssen für einige unserer heimischen Bäume neue Stilarten gefunden werden. Das heißt besonders, daß man sich die natürliche Wuchsform jeder Baumart genau eingprägen muß. Im speziellen Teil gehen wir deshalb auf diese immer besonders ein.

Die Besenform

Der Stamm als Hauptachse des Baumes geht nicht bis zur Spitze durch, sondern spaltet sich ab einem bestimmten Punkt in möglichst gleichberechtigte Äste, die in alle Richtungen wachsen, nur nicht direkt auf den Betrachter zu. Die Form der im belaubten Zustand meist dichten Krone kann schirmförmig, rund, oval oder hochgewölbt sein.
Nadelbäume werden normalerweise nicht in der Besenform gezogen.

Die aufrechte Form
Bei der aufrechten Form ist der Unterschied zwischen Vorder- und Rückseite des Bonsai besonders deutlich ausgeprägt. Von vorn sollen die unteren zwei Drittel des Stammes frei einsehbar sein und einen Blick auf die von unten nach oben abwechselnd links und rechts am Stamm stehenden Äste freigeben. Der untere Ast sollte der dickste und die darüber stehenden nach oben hin immer dünner werden. Die Äste werden meist waagerecht oder leicht hängend angeordnet. Von oben betrachtet sollte kein Ast über dem anderen stehen.

Die frei aufrechte Form
Am mehr oder weniger stark gewundenen, manchmal s-förmigen Stamm stehen die Äste möglichst an der Außenseite einer Stamm-Biegung. Die Form eignet sich für die meisten Laubbäume und Nadelbäume.

Die streng aufrechte Form
Der Stamm ist streng gerade, sonst wie oben. Gut in diese Form zu gestalten sind die Nadelbäume, aber auch Laubbäume sind nicht ungeeignet.

Der Doppelstamm

Zwei sich in Größe und Dicke unterscheidende Bäume entspringen einer Wurzel. Die Äste sind auch hier, um das Alter zu unterstreichen, waagerecht bis leicht hängend ausgerichtet. Sie stehen – von unten nach oben betrachtet – abwechselnd am kleinen und am größeren Baum. Von vorn gesehen wachsen zwischen den beiden Bäumen direkt keine Äste. Außerdem sitzen auch hier die dickeren Äste unten.
In den meisten Fällen steht der größere Stamm gerade, während der kleinere sich zur Seite neigt.
Beide Stämme bilden eine gemeinsame Krone.

Ganz rechts: Rotbuche im Sommer, Höhe ca. 90 cm, frei aufrechte Form.

Stilarten

Der Mehrfachstamm

Mehrere in ihrer Größe und Dicke unterschiedliche Bäume entspringen

einer Wurzel. Die Äste bilden eine gemeinsame Krone.
Sie stehen meist waagerecht.

Die Waldform

Mehrere einzelne Bäume wachsen gemeinsam in einer oft sehr flachen Schale. Die Abstände zwischen den einzelnen Bäumen sind sehr unterschiedlich, die Bäume sind nicht in Reihen angeordnet. Die kleineren Bäume schließen den Wald nach außen ab.
Der höchste und kräftigste Baum steht an einem sogenannten Drittelpunkt der Schale. Die Bäume können entweder getrennte Kronen andeuten oder unter einem gemeinsamen Laubdach alle Bäume vereinigen.

Ganz rechts: Stieleiche, Höhe ca. 50 cm, Floßform. ***Gestaltung: Rainhard Renk***

Die Floßform

Mehrere unterschiedliche Bäume wachsen aus einem liegenden, nur teilweise aus der Erde hervorkommenden Stamm. Die Bäume bilden oft selbständige Kronen.

Die Kaskade

Der Wuchs des Stammes richtet sich nach unten. Die Baumspitze sitzt tiefer als die Erdoberfläche. Diese Form leitet sich von Gebirgsgehölzen ab, die an Steilhängen durch Schneebelastung nach unten gedrückt auch ständigen Sturmangriffen aus dem Weg gehen, indem sie ihre Hauptwuchsrichtung nach unten verlegen. Der Stamm kann sich s-förmig gewunden oder gerade nach unten

richten. Von vorn gesehen, ist sie dem Aufbau der aufrechten Form ähnlich. Die nach unten dünner werdenden Äste gehen abwechselnd links und rechts ab. Diese sollten auch hier waagerecht stehen.
Optische Stabilität wird durch eine besonders hohe Bonsai-Schale erreicht.

Die windgepeitschte Form

Alle lebenden Äste des Baumes wachsen in eine Richtung. Die Wuchsform kann sowohl an die

Besen- als auch an die aufrechte Form angelehnt sein. Besonders glaubwürdig wirkt ein zusätzlich in die Wuchsrichtung der Äste geneigter Stamm.

Die Literatenform

Der Stamm des Baumes hat oft eine besonders interessante Form und ist besonders lang (oft mehr als zwei Drittel der Gesamthöhe). Nur wenige Äste geben dem Baum seine charakteristische Form.

Was macht einen guten Bonsai aus?

Jeder Bonsai befindet sich ständig in Entwicklung. Damit einer seinen gestalterischen Höhepunkt erreichen kann, müssen alle wichtigen Faktoren, wie Schale, Wurzelansatz, Stamm, Äste, Laub und Blüten harmonisch aufeinander abgestimmt ein gemeinsames Bild, eben den Bonsai, schaffen.

Bonsai-Schale

Größe, Form und Farbe der Bonsai-Schale sollten eine Einheit mit dem Baum bilden. Die Schale darf nicht zu dominant wirken in ihrer Ausdruckskraft, aber auch nicht zu schwach sein.
In der ersten Zeit der Entwicklung steht ein Bonsai oft in einer optisch zu großen und auch von der Form her nicht passenden, aber biologisch günstigeren Schale.
Ab einer gewissen Entwicklungsstufe, deren Erreichen der Gestalter bestimmt, wird der Baum dann in einer gestalterisch passenden Schale gehalten. Die Größe, Form und Farbe der optimalen Schale zu einem bestimmten Bonsai kann sich im Laufe seiner Entwicklung mehrmals ändern. Aber meistens ist nur die Schalengröße, seltener Form und Farbe, mit zunehmendem Alter des Baumes nicht mehr passend.
Folgende Anhaltspunkte können helfen, die passende Schale zu finden:
Größe: Harmonische Größenverhältnisse erhält man, wenn der Kronenrand des Baumes mit dem Schalenrand abschließt und die Schalenhöhe ungefähr der Dicke der Stammbasis entspricht. Das Verhältnis von Schalenbreite und Baumhöhe sollte ca. 2:3 oder 3:2 betragen.
Form: Eckige Schalen passen selten zu weichen, runden Baumformen. Außerdem ist bei runder Baumkrone eine ovale Schale einer runden vorzuziehen.
Farbe: Günstig ist es, wenn sich das Farbenspiel der Schalenglasur in dem des Baumes wiederfindet.

Erdoberfläche

Die Erdoberfläche muß ebenso wie der Baum selbst gepflegt sein.
In der Regel versucht man, einen geschlossenen Moosteppich auf der Oberfläche anzusiedeln. Hierzu gibt es verschiedene Verfahren. Einmal kann man kleine Moosstücke aufpflanzen und diese sich selbst ausbreiten lassen, oder man legt direkt einem geschlossenen Teppich auf. Gleichmäßiger bildet sich Moos, wenn das gesammelte Material getrocknet und fein zerrieben wird. Der entstandene Moosstaub wird dann über die leicht angedrückte Erdoberfläche gestreut. Hält man die Oberfläche nun einige Wochen mit Regenwasser gleichmäßig feucht bildet sich ein feiner, gleichmäßiger Moosrasen.
Das zur Oberflächengestaltung verwendete Moos wird nicht im Wald, sondern an sonnenexponierten Stellen gesammelt, da Waldmoose an eine höhere Luftfeuchtigkeit als sie die Erdoberfläche einer Bonsai-Schale bieten kann, gewöhnt ist.

Von links oben nach rechts unten: Japanische und chinesische Industrieschalen (1). Handgefertigte Bonsai-Schalen (2). Handgefertigte Porzellanschalen sind besonders für kleine Bonsai sehr beliebt (3). Besonders gesucht sind alte chinesische Schalen (4).

Zur Gestaltung der Erdoberfläche können auch Steine verwendet werden. Sie dienen häufig dazu, das Alter des Baumes zu unterstreichen, indem sie den Stamm kürzer erscheinen lassen oder einen lückenhaften Wurzelansatz ergänzen.

Wurzelansatz

Die Wurzelansätze, also die kräftigen Wurzeln, die sichtbar dem Stamm entspringen und in der Erde verschwinden, wirken besonders, wenn sie in alle Richtungen gleichmäßig verteilt sind. Nur direkt nach vorne, also dem Betrachter direkt entgegen, sollte keine Wurzel wachsen.
Dies zeigen oft besonders schön Bäume, die aus Stecklingen gezogen wurden, weil hier häufig die meisten Wurzeln an der Schnittstelle gebildet werden und diese so in einer Ebene liegen.
Laubbäume entwickeln die kräftigsten Wurzelansätze. Diese können noch gefördert werden, indem beim Umtopfen immer alle Wurzeln, die sich direkt unter dem Stamm befinden und nach unten wachsen, konsequent entfernt werden.
Besonders schöne Wurzelansätze entwickeln auch Bäume, die als Jungpflanze durch ein Loch in einer Kachel gezogen wurden. Wird die Pflanze dicker als das Loch in der Kachel, bilden sich neue Wurzeln, die ebenfalls in einer Ebene liegen und flach über die Kachel hinweg in die Umgebung wachsen.
Ein vorhandener Wurzelansatz läßt sich durch verschiedene Eingriffe korrigieren und dadurch optimieren.

Oben links: Dieser Wurzelansatz einer Hainbuche ist nicht ideal, aber entwicklungsfähig: die zu hoch sitzende Wurzel wird entfernt, und die in einer Ebene liegenden Wurzeln wie beschrieben gefördert.

Oben rechts: Der gut entwickelte Wurzelansatz eines Spitzahorns.

Anpfropfen von Wurzeln

Fehlt an einer oder mehreren Stellen eine kräftige Wurzel, läßt sich diese anpfropfen. Hierzu nimmt man eine Wurzel der gewünschten Stärke der gleichen Art, schneidet die Basis keilförmig zu und klemmt sie in eine entsprechende Kerbe an der gewünschten Stelle des Stammes. Das ganze wird mit Bast zusammengebunden und mit einem Wundverschlußmittel abgedichtet.

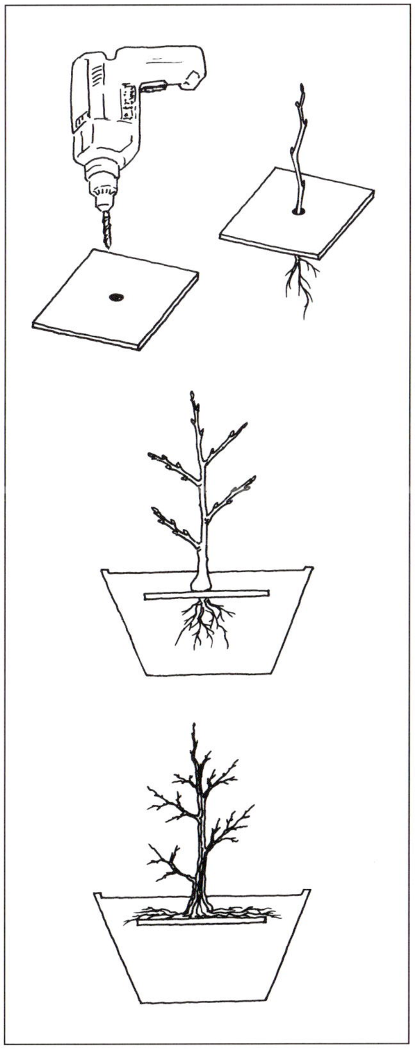

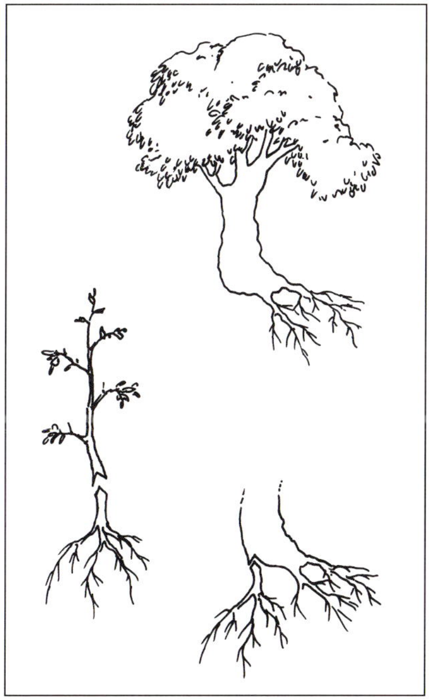

Unten rechts: Fehlende Wurzeln lassen sich durch Anpfropfen ergänzen.

Unten links: Ein optimaler Wurzelansatz läßt sich mit Hilfe einer Kachel erreichen.

Abmoosen

Ist ein Wurzelansatz an der gewünschten Stelle des Stammes überhaupt nicht oder nur sehr spärlich vorhanden, läßt man die Pflanze einen komplett neuen Wurzelansatz bilden. Hierzu schneidet man im Frühjahr dort, wo die neuen Wurzeln entstehen sollen, einen mindestens 1 cm breiten

Oben links: Neuer Wurzelansatz und Verkürzung des Stammes durch »Abmoosen«.

Mitte: Durch gezielten Rückschnitt der Wurzeln entwickelt sich ein gleichmäßiger Wurzelansatz.

Unten links: Neuer Wurzelansatz und Verdickung des Stammfußes mit Hilfe eines strammen Drahts.

Unten Mitte: Einzelne dicke Wurzeln können, wenn es nicht die einzigen sind, im Frühjahr vor dem Laubaustrieb entfernt werden, ...

Unten rechts: ... so daß sich die übrigen gleichmäßig entwickeln können.

Ganz rechts: Hainbuche, nicht ideal gestaltet: Der Stamm wird am Ansatz der ersten Äste dicker, als er in der darunterliegenden Partie ist.

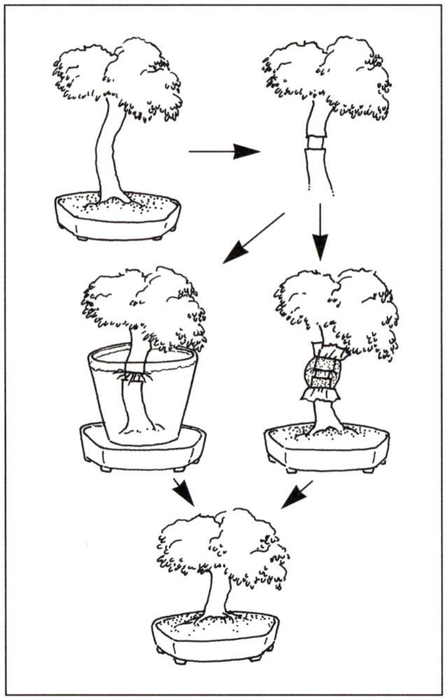

Rindenring heraus, gibt etwas Bewurzelungshormon auf die Stelle und umgibt sie mit einem nährstoffarmen Substrat. Meist haben sich nach 1 Jahr genügend Wurzeln gebildet, so daß der Baum von seiner alten Wurzel abgetrennt werden kann.

Strammer Draht über dem Wurzelansatz

Einen ähnlichen Effekt wie bei der Kachelmethode erzielt man, wenn an der Stelle des Stammes, an der sich ein schöner Wurzelansatz entwickeln soll, ein Stahldraht sehr eng um den Stamm gelegt wird. Die in den Triebspitzen und im Blattgrün gebildeten und über den Bast nach unten geleiteten, das Wurzelwachstum fördernden Hormone stauen sich an dieser Stelle und sorgen, wenn diese mit nährstoffarmem Substrat umgeben wird, für eine Wurzelbildung über dem Draht. Diese sitzen dann exakt in einer Ebene. Sie sind anfangs, wie bei den anderen Verfahren, noch sehr dünn. Sie entwickeln sich aber, wenn die alte Wurzel entfernt ist, besonders schnell, da sie nun die Pflanze alleine ernähren.

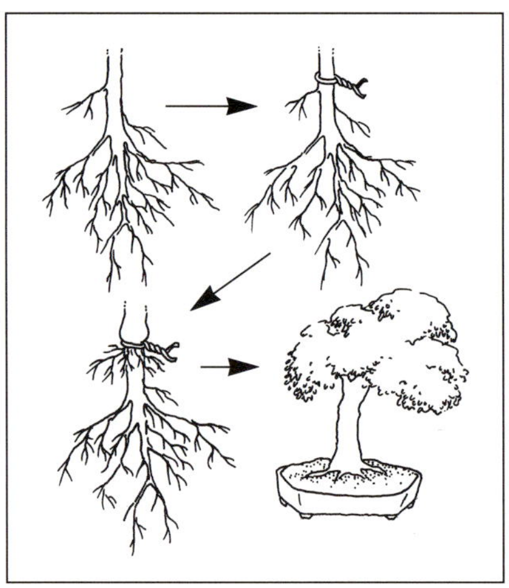

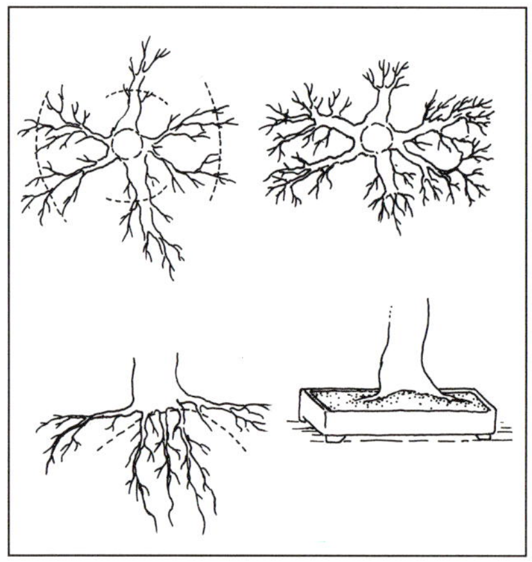

Gezielter Wurzelrückschnitt

Ein Wurzelansatz wirkt besonders gut, wenn die einzelnen Wurzeln ähnlich dick sind. Ist dies nicht der Fall, kann das Dickenwachstum einer Wurzel gefördert werden, indem diese weniger stark als die anderen zurückgeschnitten wird. Das Dickenwachstum wird dagegen reduziert, wenn die Wurzel im Verhältnis zu den anderen besonders stark zurückgeschnitten wird.

Der Stamm

Der ideale Stamm beginnt in einer kräftigen Basis und verjüngt sich zur Spitze fließend ohne starke Sprünge. Dies wird erzielt, indem in den 1. Jahren der Stamm mehrfach stark eingekürzt wird und die Spitze der höchste Seitenast übernimmt.
Je höher man den Stamm bis zum Rückschnitt werden läßt, um so kräftiger wird dieser. Gleichzeitig werden aber auch die Schnittstellen größer, und der Baum benötigt entsprechend mehr Zeit, um diese zu schließen. Pflanzen, die einige Zeit im Freien gehalten werden, entwickeln hier in kurzer Zeit einen besonders dicken und dadurch alt wirkenden Stamm. Bäume, die bereits in der Schale stehen, werden nur bei reichlichem Nährstoffangebot und nicht zu häufigem Blattschnitt dicker.
Der Stammbereich zwischen Wurzelansatz und dem 1. kräftigen Ast sollte nicht zu lang sein. Nur ein im Verhält-

nis zu seiner Dicke kurzer Stamm wirkt auch alt. Ein Höhenverhältnis von Stamm und Baumkrone von 2:3 oder 3:2 wirkt besonders harmonisch. Ein zu langer Stamm kann durch Abmoosen (siehe S. 31) verkürzt werden.
Ab einem gewissen Alter bilden die meisten Bäume eine Borke. Diese unterstreicht die Ausdrucksstärke des Stammes zusätzlich.

Äste

Im Idealfall sind die Äste an ihrer Basis deutlich kräftiger. Sie verjüngen sich nach außen und verzweigen sich immer feiner. Geht der Blick von unten nach oben, sitzen z.B. bei der »aufrechten Form« die Äste abwechselnd links und rechts. Die unteren sollten die dickeren, die oberen die dünneren Äste sein.
Ist ein Ast wegen seiner Stellung im Baum im Verhältnis zu den anderen Ästen zu dünn, läßt man diesen einige Zeit ungehemmt, also ohne Rückschnitt wachsen, während die übrigen Äste weiter regelmäßig beschnitten werden. Hierdurch fördert man das Dickenwachstum dieses Astes. Erst wenn der Zweig die gewünschte Stärke erreicht hat, wird er wieder gleichzeitig mit den anderen geschnitten.
Ist ein Ast dagegen zu dick, weil er z. B. in der Baumspitze sitzt, wird er entweder ganz entfernt, oder, sobald der Austrieb dieses Astes 2–3 Blätter oder Blattpaare zeigt, bereits zurückgeschnitten. Die übrigen Äste läßt man dagegen etwas kräftiger treiben und schneidet sie entsprechend später zurück, bis sie in ihrer Stärke aufgeholt haben.
Entfernt man den zu dicken Ast ganz, entwickeln sich an der Schnittstelle, wenn der Schnitt nicht zu knapp geführt wurde, eine Reihe neuer Knospen. Eine dieser Knospen läßt man zu einem nun dünnen Ast austreiben

und schneidet nun den Rest des alten Astes mit einer Knospen- oder Konkav-Zange so knapp wie möglich ab. Wird die Schnittstelle gut versiegelt, wächst sie bei allen hier beschriebenen Gehölzen gut zu.
Fehlt an einer wichtigen Stelle ein Ast ganz, kann dieser, wenn hier eine Knospe vorhanden ist, zum Wachsen gebracht werden, indem im Frühjahr vor dem Austrieb kurz über dieser Knospe die Rinde quer zum Stamm tief, bis zum Holz, eingeschnitten wird. Innerhalb kurzer Zeit treibt die Knospe zu einem Ast, der dann in der oben beschriebenen Weise in seiner Stärke den übrigen Ästen angepaßt werden kann.
Ist an der gewünschten Stelle keine Knospe vorhanden, kann auch ein Ast angepfropft werden. Hierzu gibt es mehrere Methoden. Die sicherste ist die, eine Jungpflanze so eng an die betreffende Stelle zu bringen, daß sie anwachsen kann. Das geschieht, indem man die Jungpflanze am Bonsai festbindet. Hierbei werden beide Pflanzen an der Berührungsstelle bis ins Holz eingeschnitten.
Eine andere Möglichkeit ist, in den Stamm ein Loch zu bohren und die Jungpflanze durch dieses Loch, zu ziehen. Wird die Jungpflanze im Laufe der Zeit dicker als das Loch, verbinden sich die Kambiumschichten beider Bäume. Ist die Jungpflanze angewachsen, prüft man, wie wichtig die eigene Wurzel für diese noch ist, indem der Ballen trocken gehalten wird. Wird sie genügend vom Bonsaistamm mit Wasser versorgt, kann in beiden Fällen ihre Wurzel abgeschnitten werden.
Außerdem kann ein im Winter geschnittener und feucht im Kühlschrank aufbewahrter Ast, ähnlich wie bei der Veredelung, an der gewünschten Stelle angepfropft werden. Hierzu wird im Frühjahr die Rinde bis zum Kambium t-förmig eingeschnitten und der schräg abgeschnittene Zweig unter die Rinde geschoben, mit Bast angebunden und luftdicht mit einem Wundmittel (Baumwachs, LacBalsam) verschlossen. Ist der Ast angewachsen, wird er zunächst vorsichtig, später wie die anderen gestaltet. Solche Äste sind leider nur schwer in eine waagrechte Stellung zu bringen.

Von links oben nach rechts unten: Ein fehlender Ast wird bei einem Feldahorn ergänzt.

Blätter

Die Blätter sollen beim Bonsai im Idealfall möglichst klein sein, da die Proportionen dann natürlicher wirken. Deshalb werden kleinblättrige Arten bevorzugt. Allerdings nimmt die Blattgröße mit zunehmender Verzweigung automatisch ab.

Unten links und rechts: Eine weitere Möglichkeit, einen fehlenden Ast zu ergänzen.

Ganz links: Eine sehr schöne Verjüngung zeigt der Stamm dieser Hainbuche.
Gestaltung: Walter Pall

Solange ein Baum im freien Feld gehalten wird, behält er seine natürliche Blattgröße weitestgehend bei. Wird er zum 1. Mal in eine Schale gepflanzt und dabei gleichzeitig stark zurückgeschnitten, kommt es vor, daß die Blätter sogar besonders groß ausgebildet werden. Bei jedem nun folgenden Rückschnitt vermehrt sich allerdings die Verzweigung. Und mit zunehmender Verzweigung verkleinern sich die Blätter.
Eine wichtige Methode, die Verzweigung zu verbessern und damit die Blätter zu verkleinern, ist der Blattschnitt. Unter diesem Begriff versteht man das komplette oder teilweise Entfernen der Blätter während der Vegetationszeit. Dies erfolgt, indem die Blattspreite, also das komplette Blattgrün abgeschnitten und nur der Blattstiel stehengelassen wird. Nach einiger Zeit entwickeln sich dann die in den Blattachsen sitzenden Knospen und treiben zu neuen Ästen aus. Die an diesen sitzenden Blätter sind in der Regel besonders klein. Allerdings nur, wenn möglichst viele Knospen gleichzeitig austreiben. Ein befriedigendes Ergebnis erzielt man bei den meisten beschriebenen Bäumen nur mit einem Blattschnitt bis Juni. Manche Baumarten ertragen auch, sind sie gesund und gut gedüngt, mehrere Blattschnitte im Jahr (siehe Einzelbeschreibungen).

Rechts: Feldahorn im Herbst, Höhe ca. 30 cm.
Gestaltung: Wolfgang Wirth

Ein großer Nachteil ist, daß ein Blattschnitt das Dickenwachstum hemmt, da der Neuaustrieb die Reserven des Baumes schmälert.

Blüten und Früchte

Durch ihre Farbenpracht können Blüten und Früchte wichtige Gestaltungselemente sein. Sie haben beim Bonsai meist die gleiche oder eine ähnliche Größe wie beim ausgewachsenen Baum in der Natur.
Pflanzen, bei welchen ein Exemplar männliche und weibliche Blüten gleichzeitig entwickelt, nennt man »einhäusig«. Gibt es von einem Gehölz männliche und weibliche Pflanzen, wird diese Art »zweihäusig« genannt. So tragen z. B. nur weibliche Eiben auch später Früchte. Allgemein kann die Blütenbildung durch geringe Stickstoffdüngung gefördert werden. Bei einigen Gehölzen, z. B. dem Apfelbaum, wirkt Frost im Winter fördernd auf die Blütenbildung. Alle Bäume blühen auch als Bonsai. Aber, wie in der Natur, erst ab einem gewissen Alter. Ein großer Teil Blütenansätze geht bei einigen Bäumen allerdings durch den regelmäßigen Rückschnitt verloren.
Bildet ein Bonsai also keine Blüten aus, ist er in der Regel zu jung, oder er bildet seine Blüten an einjährigen Langtrieben aus. Einige Waldbäume entwickeln von Natur aus nur in gewissen Jahresabständen größere Mengen von Blüten und Früchten.
Die Früchte können bei genügender Nährstoffversorgung am Baum belassen werden. Sie hemmen allerdings die allgemeine Austriebsbereitschaft der Pflanze.
Besonders stark können auch Gehölze blühen, die sich nicht wohl fühlen. Diese sogenannte Notblüte muß als Alarmzeichen gesehen und es müssen entsprechende Maßnahmen, zum Beispiel ein Austauschen der Erde, durchgeführt werden.

Links: Feldahorn im Herbst, Höhe ca. 90 cm, die Blätter wirken bei größeren Bäumen kleiner. ***Gestaltung: Walter Pall***

Techniken der Bonsai-Gestaltung

Rückschnitt

Viele Laubbäume können allein durch gezielten Rückschnitt in Form gebracht werden. Hierzu muß das Austriebsverhalten der jeweiligen Baumart genau bekannt sein. Bei wechselständiger Blattstellung zeigt die letzte verbliebene Knospe die Richtung des neuen Austriebs an. In manchen Fällen treibt aber gleichzeitig die nächste, weiter zurückliegende Knospe mit aus. Diese wird zu einem Seitenzweig entwickelt, während die erste Knospe die Spitze des beschnittenen Astes oder Zweiges bildet.
Bei gegenständiger Blattstellung (Ahorn, Esche) treiben beide der Schnittstelle am nächsten liegende Knospen, in der Regel gleich stark, aus. Hier muß einer zur Spitze und einer durch einen schnellen zusätzlichen Rückschnitt zum Seitenzweig gezogen werden.
Alle direkt nach unten oder oben wachsenden Äste werden frühzeitig ganz entfernt oder (oben) stark eingekürzt.

Drahten

Oft läßt sich die gewünschte Form schneller erreichen, wenn vorhandene Äste, die nicht in der gewünschten Richtung oder an der gewünschten Stelle wachsen, mit Draht umwickelt und dann in eine andere Richtung gebogen werden.
Aluminiumdraht hat sich als das für den Baum schonendste Material erwiesen. Durch seine Weichheit muß er, um eine gewisse Kraft auf den Ast ausüben zu können, relativ dick sein. Dadurch schneidet er nicht so schnell wie dünner Draht in die Rinde ein. Zum Drahten dickerer Äste wird aber auch häufig Kupfer- oder sogar Stahldraht verwendet, da manche Äste für eine Korrektur mit Aluminium-Draht bereits zu dick sind.
Pflanzen, die ins freie Feld gepflanzt wurden, werden nicht gedrahtet, da hier das Dickenwachstum so stark ist, daß Drähte meist einwachsen oder mindestens Spuren hinterlassen.
Beim Drahten beachtet man folgende Regeln:
Die dicken Drähte werden zuerst angelegt, die dünneren Äste danach gedrahtet.
Mit jedem Draht möglichst zwei Äste drahten, dadurch erhält man eine besondere Stabilität.
Draht muß ständig beobachtet werden, da viele Laubbäume ein schubweises Dickenwachstum zeigen und deshalb der Draht sehr schnell und plötzlich zu eng werden kann und rechtzeitig, bevor er bleibende Spuren hinterläßt, entfernt werden muß.

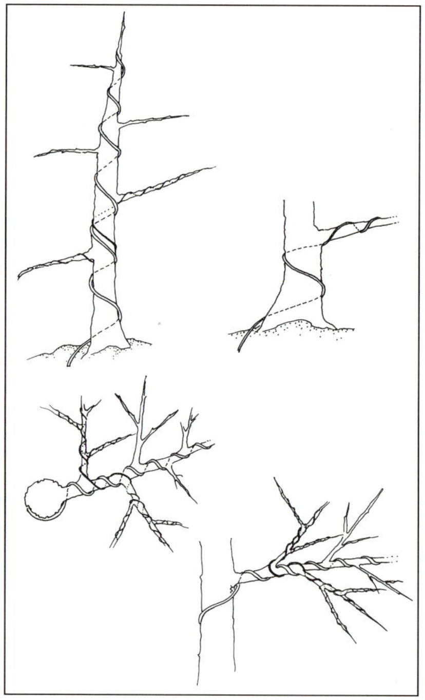

Rechts: Verschiedene Beispiele des Drahtens.

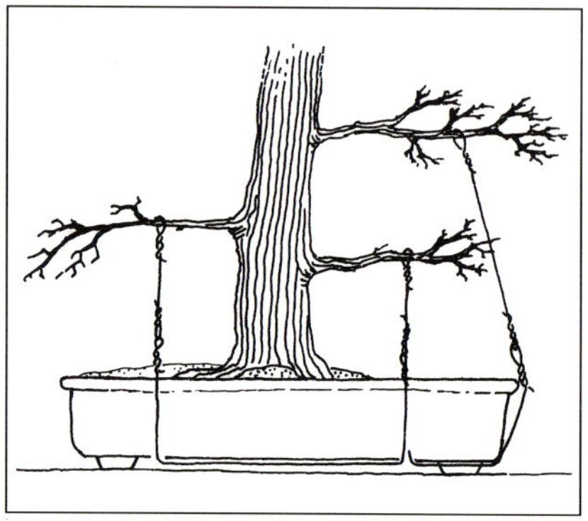

Oben rechts: Mit der Spanntechnik lassen sich ältere Äste besonders schonend korrigieren.

Spannen

Äste, die schon mehrere Jahre alt sind, lassen sich oft ohne Beschädigung nicht mehr drahten. Diese werden besser gespannt. Hierzu wird der betreffende Ast mit einer Schnur oder einem dünnen Draht in die gewünschte Richtung gezogen. Das eine Ende des Drahtes wird am Ast an einer vorher mit Hilfe eines Schlauchstückes geschützten Stelle befestigt. Das 2. Ende befestigt man entweder an einer vorbereiteten Stelle des Pflanzgefäßes oder an einem zweiten Ast, der natürlich in ähnlicher Weise geschützt werden muß.

Arbeiten am toten Holz

Bei vielen Bonsai kann man als wichtiges Gestaltungselement tote Äste oder Stammteile erkennen. Solche Formen sind in der Natur auch nicht selten: z. B. kommen in Küstennähe häufig Bäume vor, die an der dem Wind zugewandten Seite nur leuchtend weiß gebleichte Äste tragen, auf der dem Wind abgewandten Seite aber vor Gesundheit strotzende grüne

Links: Waldkiefer, Höhe ca. 50 cm. Mit Hilfe von Spanndrähten können auch starke Äste in die gewünschte Richtung gezogen werden, ohne daß die Rinde oder die Borke verletzt wird.

Zweige. Nimmt man sich solche Pflanzen zum Vorbild, sollte bedacht werden, daß es sich in der Natur meist um Nadelbäume handelt, die in der Lage sind, abgestorbene Baumpartien vom Lebenden abzutrennen und haltbar zu machen.
Laubbäume werden dagegen im Bereich toter Stellen sehr oft von Pilzen befallen, die auch in den lebenden Baumbereich wandern und die ganze Pflanze zum Absterben bringen können.

Deshalb verzichtet man bei Laubbäumen entweder ganz auf diese Gestaltungselemente oder man muß auf eine sorgfältige Pflege dieser Teile achten. Sogenannte im Handel erhältliche Bleichmittel werden mit dem Pinsel auf die abgeschälten Äste aufgetragen. Hierdurch wird der entsprechende Ast aufgehellt und konserviert. Die Behandlung mit solchen Mitteln muß regelmäßig wiederholt werden, bei den meisten Laubbaumarten sogar mehrmals jährlich.

Gezielte Düngung

Da bekannt ist, welche Aufgaben die verschiedenen Nährelemente im Pflanzenorganismus haben, können diese gezielt eingesetzt werden, um z. B. bei einem jungen Baum die Stammdicke zu fördern oder um bei einem schon alten Baum den Zuwachs einzuschränken, die Blütenbildung aber zu fördern. Hierzu müssen die Nährstoffe in variablen Verhältnissen verabreicht werden (S. 20).

Pflegearbeiten im Jahreslauf

Januar

Oft zeichnet sich der Januar durch besonders harten Frost aus.
Wird im Garten ohne Bonsai-Schale überwintert, sollten die Laubbäume, besonders Eichen, bei Temperaturen unter –10 °C zusätzlich mit Laub, Stroh oder mit Folie abgedeckt werden.
In milden Wintern kann jetzt Winteröl gegen Winterstadien verschiedener tierischer Schädlinge gespritzt werden. Wird frostfrei überwintert, sind Insektizide ohne Öl im allgemeinen erfolgreicher.
Allerdings wirken manche Mittel erst ab einer bestimmten Mindesttemperatur. Eichen müssen auf Schildläuse und Apfelbäume auf Blutläuse untersucht und nach der Spritzung der Erfolg überprüft werden.
Reiser zum Anpfropfen von fehlenden Ästen können jetzt geschnitten und kühl und feucht aufbewahrt werden.
An frostfreien Tagen können junge Findlinge und Rohlinge aus dem Feld genommen werden. Sie sollten bis zum Frühjahr allerdings frostfrei gehalten werden.

Rechts: Rotbuche im Winter, Höhe ca. 70 cm, gestaltet aus einer Bonsai-Rohpflanze.

Februar

Wenn noch nicht erfolgt, kann jetzt eine Spritzung mit Winteröl gegen Überwinterungsstadien von Schadinsekten vorgenommen werden.
Bei frostfeier Überwinterung treiben jetzt die Pfaffenhütchen. Mit dem Erscheinen der ersten Blattspitzen kann eine Spritzung gegen Echten Mehltau und eine weitere gegen andere Schadpilze erfolgen.

März

Erle, Hasel und Ulmen beginnen mit der Blüte.
Die meisten Bäume können jetzt aus dem Winterquartier genommen und die Laubgehölze sowie die Lärche können soweit zurückgeschnitten werden, daß ein Teil des folgenden Neuaustriebes am Baum verbleiben kann.
Alle Laub- und Nadelbäume können jetzt umgepflanzt werden. Ein kräftiger Wurzelschnitt kann erfolgen, und jetzt ist die beste Zeit, die Erde zu wechseln.
Fehlende Äste können jetzt angepfropft werden (s. S. 35).
Laubbaum-Findlinge werden jetzt am erfolgreichsten ausgegraben. Im Feld stehende Rohlinge können jetzt am besten in ihre erste Schale gepflanzt werden.
Auch ungeschützt stehene Pfaffenhütchen treiben bis Ende des Monats aus. Eine Spritzung – wie oben erklärt – sollte jetzt erfolgen.

April

Jetzt treiben fast alle Bäume, nur Eiche, Esche und Rotbuche können noch bis Mai warten. Bei diesen werden jetzt fehlende Äste noch angepfropft.
Spätfröste bis –3 °C werden von den

meisten heimischen Gehölzen ertragen. Vor niedrigeren Temperaturen müssen bereits ausgetriebene Bäume aber geschützt werden. Hierzu können sie im Notfall schon mal die eine oder andere Nacht mit in die Wohnung genommen werden. Besonders empfindlich sind Eiche, Esche, Walnuß und die Fichte.
Der Neuaustrieb der Laubgehölze wird je nach Entwicklungsstadium (siehe Rückschnitt) ca. 8–14 Tage nach dem Austreiben mehr oder weniger stark zurückgeschnitten (s. S. 38).
Die Düngung wird mit einer kräftigen Grunddüngung begonnen. Bei Apfel und Birne den Stickstoffanteil noch nicht zu hoch wählen, da sonst die Blüte bzw. die Früchte ausbleiben können. Auf besonders kleine Blätter oder Nadeln sollte nur bei alten und gut entwickelten Bäumen Wert gelegt werden, denn je kleiner die Blätter sind, um so langsamer entwickelt sich der Baum weiter.
Die Laubbäume sollten vorsorglich, sobald sich die ersten Blattspitzen zeigen, mit einem Fungizid gegen Echten Mehltau und andere Schadpilze gespritzt werden.
Blattlausbefall an jungen Trieben beim Pfaffenhütchen sollte jetzt mit einem nützlingschonenden Mittel gegen saugende Insekten erfolgen.
Lärchen müssen auf Wollausbefall kontrolliert werden.
In diesem Monat ist Hagelschlag, der den Neuaustrieb stark beschädigen kann, nicht selten. Schattennetze halten Hagel erfolgreich ab.
Mit erfolgtem Austrieb steigt der Wasserbedarf der Laubbäume stark an, und der Regen reicht nun auch nicht mehr zur Bewässerung der Bonsai aus, da das Laub diesen meist an der Schale vorbeileitet. Laubbäume, Lärchen und eingewachsene Kiefern können jetzt gestaltet werden, da die Äste jetzt eine Richtungsänderung am besten vertragen und durch Rückschnitt entstandene große Wunden jetzt besonders schnell verheilen.
In diesem Monat blühen die Ahornarten, die Esche, die Schlehe, die Hainbuche, die Lärche, die Eibe und einige andere.

Links: Rotbuche im Frühjahr kurz vor dem Austrieb.

Mai

Jetzt sind auch Esche, Eiche und Rotbuche ausgetrieben. Esche, Eiche und Fichte sind besonders spätfrostgefährdet und müssen deshalb, wenn Minustemperaturen zu erwarten sind, frostsicher aufgestellt werden.
Die Eiche muß vorsorglich mit dem Erscheinen der ersten Blattspitzen mehrmals gegen Echten Mehltau gespritzt werden. Bei der Rotbuche sollte jetzt die Buchenschmierlaus beim ersten Auftreten mit einem nützlingsschonenden Spritzmittel bekämpft werden.
Eiche und Buche können 2 Wochen nach dem Austrieb das 1. Mal zurückgeschnitten werden.
Ein Blattschnitt kann jetzt bei Linde, Hainbuche und den Ahornarten erfolgen.
Es blühen jetzt die Zwergbirke, Apfel und Birne, sowie die Linde und die Eiche.
Einige Laubbäume werden jetzt zum 2. Mal zurückgeschnitten.
Die Lärchen und Eiben können jetzt ebenfalls zurückgeschnitten, die Fichten und der Wacholder zurückgezupft und bei den Kiefern die Kerzen herausgebrochen werden.

Eine reichhaltige Düngung ist jetzt besonders erforderlich. Bei stark wachsenden Laubbäumen sind die Drähte, auch frisch angelegte, im Auge zu behalten, da sie jetzt schnell einwachsen.
Für Linde, Berg- und Spitzahorn, Kastanie und Hainbuche ist jetzt die günstigste Zeit für einen Blattschnitt.
Eichen bereits jetzt auf Mehltau kontrollieren. Linden, Eschen und Ulmen auf Blattfleckenkrankheit und Spinnmilben untersuchen.
Eiche und Rotbuche 14 Tage nach dem Austrieb zurückschneiden. Nach weiteren 14 Tagen zu dicht stehende Blätter bei der Rotbuche reduzieren oder Blattschnitt vornehmen. Bei der Eiche sollte auf jeden Fall ein Blattschnitt folgen.

Rechts: Rotbuche im Sommer.

Juni

Die meisten Laubbäume müssen jetzt regelmäßig geschnitten werden, oft mehrmals kurz hintereinander, weil die einzelnen Triebe zeitverzögert wachsen, meist zunächst die im oberen Kronendrittel und erst dann die darunterliegenden.
Da sich die heißen Tage jetzt häufen können, ist ein Regenwasserreservoir von Vorteil, weil die Gefahr der Bodenübersalzung dann nicht gegeben ist. Jetzt auftretende braune Blattränder sind ein Zeichen von zu hohem Salzgehalt im Boden oder von Kalimangel. Durch Pilzbefall verursachte braune Blattränder treten meist bereits früher auf.
Schon jetzt kann das Kaliumangebot für die Laubbäume erhöht werden, indem zusätzlich zu den Rapsschrotkugeln oder dem organischen Pulverdünger ein kaliumbetonter Mineraldünger gegeben wird. Hierbei muß man darauf achten, daß der Ballen vor der mineralischen Düngung angefeuchtet wurde und auch ein bis zwei Tage später nicht austrocknet.
Bäume, die das erste Jahr in einer Schale stehen, können jetzt gestaltet werden.
Wacholder und Lärche werden weiter regelmäßig zurückgezupft oder eventuell auch, wenn der Neuaustrieb bisher noch nicht gekürzt wurde und dieser bereits verholzt, zurückgeschnitten.
Das Dickenwachstum setzt jetzt oft plötzlich ein, besonders bei der Rotbuche, so daß gedrahtete Laubbäume alle 2 Tage kontrolliert und zu enge Drähte entfernt werden müssen.
Die Vermehrungsrate von Spinnmilben und Läusen steigt jetzt rapide an. Alle Laubbäume und den Wacholder regelmäßig auf Befall kontrollieren.
Letzte Möglichkeit bei den Laubbäumen für einen Blattschnitt.
Von den meisten Laubgehölzen können jetzt Stecklinge genommen werden.

Juli

Die meiste Zeit nimmt jetzt das Wässern ein. Größere Regenwasservorräte können sich jetzt günstig auf die Beschaffenheit der Blätter der salzempfindlichen Laubgehölze auswirken.
Kiefern können jetzt eingekürzt werden.
Der Stickstoffgehalt im Dünger der Laubbäume kann jetzt reduziert werden, damit der letzte Austrieb des Jahres nicht nach dem August erfolgt.

Die Laubgehölze treiben nun besonders unregelmäßig.
Spinnmilben erreichen jetzt ihren Vermehrungshöhepunkt. Regelmäßige Kontrollen helfen, makelloses Herbstlaub zu sichern.
Bäume auf Mehltaubefall kontrollieren und gegebenenfalls behandeln.

August

Jetzt sollte bis zum Einsetzen der Herbstfärbung Stickstoff nur noch in geringen Mengen verabreicht werden.
Neuaustriebe bei Laubbäumen werden jetzt frühzeitig pinziert. Kiefern können noch eingekürzt werden.
Nadelbäume können schon umgepflanzt werden, da sie jetzt besonders schnell wieder einwachsen. 14 Tage nach dem Umpflanzen vor heißer Sonne schützen.
Nadelbaumfindlinge, für die man eine Sammelgenehmigung erhalten hat, können jetzt schon ausgegraben werden.
Weiterhin möglichst oft mit Regenwasser gießen.
Alle Bäume auf Spinnmilben kontrollieren und bei Befall behandeln.
Die Laubbäume auf Mehltaubefall untersuchen und wenn nötig behandeln.

September

Die Samen der meisten Bäume reifen jetzt und können gesammelt werden.
An heißen Tagen muß weiter reichlich gegossen werden, aber es wird nicht mehr gedüngt. Ein Rückschnitt sollte bei Laubbäumen nicht mehr erfolgen.
Nadelbäume können jetzt, bei gleichzeitigem Wurzelschnitt, umgetopft werden.
Nadelbaumfindlinge, für die man eine Sammelgenehmigung erhalten hat, können jetzt ausgegraben werden.

Oktober

Die Herbstfärbung setzt bei Bonsai oft zu einem anderen Zeitpunkt ein als bei der entsprechenden Art in der Natur, da sie vom Nährstoffgehalt im Boden mit beeinflußt wird.
Bei Esche und Erlen findet keine Herbstfärbung statt.
Während die Bäume sich verfärben, können sie noch einmal reichlich mit stickstoffbetontem Dünger versorgt werden. Die Nährstoffe werden jetzt eingelagert und sorgen für ein besonders kräftiges Dickenwachstum im nächsten Jahr. Allerdings treiben die Pflanzen im Frühjahr auch mit besonders großen Blättern aus.
Bei frostfreier Überwinterung können Laubbäume neue Erde und gleichzeitig einen Wurzelschnitt erhalten.

November

Sind die ersten kräftigen Fröste zu erwarten, sollten die Bäume eingewintert werden.
Gedüngt wird im November nicht.
Bei frostfreier Überwinterung kann bei Laubbäumen die Erde gewechselt und gleichzeitig ein Wurzelschnitt vorgenommen werden.
Kiefern können dann auch gedrahtet werden.

Dezember

Bei Frost ab –5 °C Bäume zusätzlich durch Abdecken schützen.
Gedüngt wird im Dezember nicht.
Kiefern, die frostfrei überwintert werden, kann man jetzt drahten.

Links: Rotbuche im Herbst.

Wege zum Bonsai

Es gibt verschiedene Wege, zu einem Bonsai zu kommen, die sich stark in der zu investierenden Zeit unterscheiden. Welcher Weg gewählt werden soll, hängt häufig von sehr persönlichen Dingen wie dem Lebensalter oder auch der Geduld des Gestalters ab. Da die verschiedenen Möglichkeiten bei den meisten Baumarten gleich sind, werden sie nachfolgend allgemeingültig beschrieben.

Bonsai aus Samen

Diese sehr langwierige Methode erfordert Erfahrung, sehr viel Geduld und Disziplin. Das Ergebnis kann allerdings ein besonders wertvoller Miniaturbaum sein, da Gestaltungsmaßnahmen, bei jungen Pflanzen vorgenommen, keine Spuren hinterlassen. Außerdem sind die Eingriffe schonender für die Pflanze.

Die gesammelten Baumsamen müssen, um sie zum Keimen zu bringen, besonders vorbehandelt werden. Beispielsweise müssen die in Beerenfrüchten enthaltenen Samen vom Fruchtfleisch befreit werden (Eberesche), andere können sofort ausgesät werden (Birke, Ulme) und wieder andere müssen vor der Aussaat einige Zeit in feuchtem Sand kalt aufbewahrt werden (Ahorn, Hainbuche, Rotbuche, Eiche). Nur sehr wenige Arten dürfen nach dem Sammeln einfach trocken gelagert werden (Kiefern, Fichten, Tannen).

Welche Methode bei welcher Baumart angewendet wird, ist bei der Beschreibung der einzelnen Bäume noch einmal ausführlicher erklärt.

Im ersten Jahr nach dem Keimen wird der Sämling noch nicht beschnitten. Erst im Frühjahr des 2. Jahres wird die Pflanze in ein separates Gefäß gepflanzt und hierbei die Hauptwurzel entfernt. Der Sämling reagiert darauf mit der Ausbildung besonders kräftiger Seitenwurzeln. Im 3. Jahr werden dann zum 1. Mal auch Äste beschnitten.

Solange der Stamm noch dünn ist, läßt man den Austrieb 10 – 20 cm lang werden und schneidet dann kurz zurück. Es gilt der Grundsatz, je länger

Rechts: Linden ein-, zwei- und fünfjährig (3 Jahre Feldkultur).

Mitte oben und unten: Die Wurzeln von einjährigen Sämlingen können im Frühjahr des 2. Jahres bereits so reduziert werden, daß nur noch Seitenwurzeln, die in einer Ebene liegen, übrig bleiben.

Ganz rechts: Diese Winterlinde wurde zweijährig ins Freie gepflanzt, hier in 5 Jahren zur Bonsai-Rohpflanze entwickelt und wird seit 3 Jahren in der Schale gestaltet.

Von links oben nach rechts unten: Der Bonsai-Rohling wird aus dem Feld genommen, die Vorderseite wird festgelegt (1). Dann wird die Pflanze in eine provisorische Schale gesetzt (2). Hier können leicht Vorrichtungen zum Befestigen von Spanndrähten installiert werden (3). Die Hauptäste lassen sich durch Spannen in die gewünschte Richtung bringen (4). Sind die Hauptäste gespannt, läßt sich erkennen, welche Äste entfernt oder eingekürzt werden müssen (5). Nach der Gestaltung sollte die Pflanze bis zum ersten Austrieb schattig und windgeschützt stehen (6).

der Austrieb werden darf, um so dicker wird der Stamm, aber auch die Äste. Eine Änderung der Wuchsrichtung tritt immer an der Stelle ein, wo der Ast nach einem Rückschnitt weiterwächst. Der Aufbau der Äste wird so angelegt, daß vom Stamm bis zur Astspitze die Abstände der Richtungsänderungen immer kürzer werden. Also wird jeder neue Austrieb kürzer zurückgeschnitten als der vorhergehende.
Man erreicht eine schnellere Entwicklung zu einem kräftigen Baum, wenn die Pflanze ab dem 3. Lebensjahr ins Freiland gepflanzt und hier regelmäßig zurückgeschnitten wird. Im Freiland kann die Pflanze allerdings meist nicht so genau gestaltet werden wie in einer handlichen Schale. Auf keinen Fall sollte ein im freien Feld stehender Baum gedrahtet werden, da hier das Dickenwachstum viel zu stark ist. Auch der Austrieb ist hier oft so kräftig, daß innerhalb von 3 Wochen zweimal geschnitten werden muß. Dies sollte man bedenken, wenn man in Urlaub fahren will. Ulmen können dann zum Beispiel eine bereits entwickelte feine Verzweigung verlieren, weil die Astspitzen durch das kräftige ungehemmte Wachstum zu dick geworden sind. Man kann vielleicht folgende Regel beachten: Soll ein Bonsai eine Endhöhe nicht über 30 cm erreichen, entwickelt er sich in einem Container schnell genug. Pflanzen, die höher werden sollen, können gut mehrere Jahre im Feld verbringen.
Wie rasch sich eine Jungpflanze im Topf entwickelt, hängt natürlich in hohem Maße auch von der allgemeinen Pflege ab. Hierzu gehört eine der Pflanze entsprechende Bewässerung genauso wie ausreichende Düngergaben, der richtige Standort, ebenso wie ein gutes Pflanzsubstrat.

Gestaltung aus Baumschulpflanze oder Rohling

Oft findet man beim Bummel durch eine Baumschule die eine oder andere Pflanze, die zur Bonsaigestaltung geeignet ist. Heimische Pflanzen sind in unseren Baumschulen leider immer noch selten. Meist werden nur für Hecken geeignete heimische Baumarten in Baumschulen kultiviert. Allerdings werden immer mehr sogenannte Rohlinge heimischer Bäume im Bonsai-Fachhandel angeboten. Das sind fünf- bis zehnjährige Pflanzen, die bereits mehrere Jahre zurückgeschnitten und so auf eine Gestal-

tung zum Bonsai vorbereitet wurden. Der Vorteil, eine Baumschulpflanze oder einen Rohling zur Bonsai-Gestaltung zu verwenden besteht darin, daß die Ausgangspflanze schon sehr kräftig sein kann und trotzdem relativ preiswert ist. Ein Nachteil ist, daß oft relativ kräftige Äste oder sogar der Stamm eingekürzt werden müssen, was in der Regel große Schnittstellen verursacht, die entsprechend lange brauchen, um wieder zu verheilen.
Folgende Ansprüche sollte man an eine Baumschulpflanze oder Rohling stellen, der zur Gestaltung ausgewählt werden soll: Muß der Stamm stark eingekürzt werden, sollte die Form des verbleibenden Stammstükkes dem gewünschten Stammverlauf entsprechen. Der Stamm muß möglichst weit unten beastet sein, und die Wurzelansätze sollten möglichst in einer Höhe liegen.
Eine in der Baumschule erworbene Ausgangspflanze kann sofort in ein Übergangsgefäß gepflanzt werden und muß, da sie kräftig genug ist, nicht erst im freien Feld gehalten werden. Als Übergangsgefäße sind Holzkisten ideal. Der Baum wird so tief eingepflanzt, daß die Wurzelansätze deutlich sichbar bleiben.
Die Beschreibung der nun folgenden Gestaltung kann nur beispielhaft erfolgen, da die Möglichkeiten der Formen unbegrenzt sind und entsprechend auch die Vorgehensweise variiert wird. Nachdem der Baum in die Kiste gepflanzt wurde, wird die Vorderseite festgelegt. Als Anhaltspunkt dient der Wurzelansatz , der Stammverlauf und die Aststellung. Bei einigen Ästen kann man auf Anhieb sagen, daß sie entfernt werden müssen. Dies kann dann auch sofort geschehen. Die verbleibenden Äste zieht man dann mit Hilfe von Spanndrähten, die an in die Kiste geschlagen Nägeln befestigt werden können, in die gewünschte Stellung.

Wenn man systematisch von unten nach oben vorgeht, erkennt man leicht die überflüssigen Äste und entfernt diese schließlich. Die verbliebenen werden nun auf die richtige Länge eingekürzt und alle größeren Wunden mit einem Wundverschlußmittel versiegelt.
Mindestens 1 Jahr kann der zukünftige Bonsai nun im Gestaltungsgefäß verbleiben. Dann werden die Spanndrähte gelöst, der Baum in eine 1. Bonsai-Schale gepflanzt und Äste, die nicht in der gewünschten Stellung verbleiben, erneut mit Hilfe von Draht in Stellung gebracht.

Bonsai aus einem Findling

Zu Beginn dieses Kapitels sei darauf hingewiesen, daß dieses zwar die älteste Methode ist, zu einer Ausgangspflanze für die Bonsaigestaltung zu gelagen. Aber in der heutigen Zeit, wo die Natur durch die Menschen auf vielfältige Weise belästigt wird, ist sie nur noch in seltenen Ausnahmefällen zu rechtfertigen.
An einigen Stellen in der freien Natur findet man sehr häufig alte, aber klein gebliebene Bäume:
In der Nähe von Wildwechseln werden die heranwachsenden Bäume regelmäßig zurückgefressen, so daß sie zwar weiter leben, aber nicht höher werden. Mit zunehmendem Alter werden sie dicker, und auch die Verzweigung nimmt um ein Vielfaches zu. Hier handelt es sich meist um Laubbäume wie z. B. Rotbuche, Eiche oder Hainbuche.
Im Hochgebirge, wo die Vegetationszeit nur wenige Wochen lang ist, finden wir dagegen oft kleine, sehr bizarre Nadelbäume, wie Lärche, Fichte oder Kiefer, die durch diverse widrige Umstände dieses natürlichen Lebensraumes nicht sehr hoch, aber trotzdem uralt geworden sind.
Die für unser menschliches Empfinden verkümmerten Pflanzen erfüllen sowohl in der Nähe von Wildwechseln als auch im Hochgebirge wichtige ökologische Aufgaben!
Manche solcher Pflanzen, wenn zufällig die Wurzelansätze, die Aststellung und auch die Stammbewegung günstig entwickelt sind, eignen sich besonders gut zur Gestaltung. Grundsätzlich ist es nicht erlaubt, ohne Genehmigung der zuständigen Forstbehörde wildlebende Pflanzen der Natur zu entnehmen.
Manchmal kommt es jedoch vor, daß eine Pflanze dadurch, daß man sie für

Links: Rotbuche im Herbst, Höhe ca. 70 cm, gestaltet aus einem Findling.
Gestaltung: Walter Pall

Oben: Die Knospen der heimischen Laubbäume und Sträucher (von links nach rechts): Edelkastanie, Stieleiche, Traubeneiche, Spitzahorn, Feldahorn, Bergahorn, Winterlinde.

Mitte: Weide, Weißdorn, Schlehe, Pfaffenhütchen, Zwergbirke, Haselnuß.

Unten: Feldulme, Holzbirne, Apfelbaum, Sandbirke, Schwarzerle, Hainbuche, Esche, Eberesche, Walnuß.

Ganz rechts: Hainbuche, Höhe ca. 90 cm, gestaltet aus einer Bonsai-Rohpflanze.

die Bonsai-Gestaltung verwendet, vor der Vernichtung, zum Beispiel durch Lawinen, Erdrutsch oder Steinschlag bewahrt wird. Das gilt auch für entwurzelte Bäume im Hochgebirge oder einfach auf Baustellen wachsende Pflanzen, die kurz vor der Räumung durch einen Bulldozer steht.
Da sehr viele Bonsai-Freunde in die Situation kommen, eine Pflanze aus der Natur sammeln zu wollen, wird nachfolgend beschrieben, unter welchen Umständen ein solcher Baum überhaupt eine Überlebenschance hat:

1. Die meisten Laubbäume können erfolgreich nur im Frühjahr, kurz vor dem ersten Austrieb, gesammelt werden.
2. Man sollte darauf achten, daß möglichst viele Wurzeln an der Pflanze verbleiben. Direkt in den Felsen eingewachsene Pflanzen läßt man grundsätzlich stehen.
3. Gleichzeitig mit dem Beschneiden der Wurzeln durch das Ausgraben muß das Astwerk soweit wie möglich zurückgeschnitten werden.
4. Nach der Entnahme muß der Baum an halbschattiger Stelle im freien Feld oder in einem größeren Pflanzgefäß 1–2 Jahre regenerieren dürfen.

Findlinge sind oft Jahrzehnte alt, was häufig die borkige Rinde beweist. Deshalb hat man mit dem Ausgraben eine große Verantwortung auf sich genommen. Formveränderungen, die nicht durch Rückschnitt erfolgen sollen, müssen sehr behutsam vorgenommen werden. Besonders muß darauf geachtet werden, daß die borkige und dadurch besonders ausdrucksstarke, also gestalterisch wertvolle Rindenstruktur nicht beschädigt wird. In Japan läßt man solchen Findlingen viele Jahre Zeit, sich an die neue Umgebung zu gewöhnen. Als einzige Gestaltungsmaßnahme wird in dieser Ruheperiode der regelmäßige Rückschnitt angewandt.

Welche Bäume eignen sich für Bonsai?

Grundsätzlich lassen sich alle Gehölze mehr oder weniger einfach in Miniaturform in einer Bonsai-Schale halten. Dadurch allein werden sie aber noch lange nicht zum Bonsai. Ein Bonsai ist ein gestalteter Miniaturbaum. Das heißt, durch gezielte Maßnahmen entsteht aus der Zusammenarbeit von Baum und Mensch eine bestimmte Baumform mit möglichst viel Aussagekraft.

Damit sich eine Pflanze zur Bonsai-Gestaltung gut eignet, genügt es nicht, daß es sich einfach nur um ein Gehölz handelt.

Folgende Kriterien sollte sie erfüllen: Sowohl die ganze Pflanze als auch ihre einzelnen Äste sollten mindestens fünfzig Jahre alt werden können. Die Blätter sollten eine gewisse Größe nicht überschreiten oder zumindest bei der als Bonsai gehaltenen Pflanze in einem gewissen Verhältnis zur Baumgröße stehen. Sie sollte ständigen Rückschnitt vertragen und auf diesen mit neuem Austrieb reagieren können.

Die Äste sollten eine feine filigrane Verzweigung bilden können. Wegen der geringen Größe einer Bonsai-Schale ist auch eine gewisse Toleranz gegenüber kurzfristigen Veränderungen des Bodenklimas wichtig.

Die Bonsaieignung der nachfolgend beschriebenen Gehölzarten ist nicht immer mit »sehr gut« zu bewerten. Werden die verschiedenen Möglichkeiten, einen Bonsai zur optimalen Entfaltung zu bringen, erschöpfend ausgeführt, lassen sich bei allen Arten aber mindestens befriedigende Ergebnisse erzielen.

Feldahorn

(Acer campestre)

Der Feldahorn ist im Siedlungsbereich des Menschen hauptsächlich als Heckenpflanze bekannt. Da er in der Natur eine eher unauffällige Erscheinung bietet, wird er hier von den meisten Menschen übersehen.

Im Freistand trägt der Feldahorn im Alter auf einem kurzen Stamm eine runde Krone. Die unscheinbaren, zwittrigen oder eingeschlechtigen Blüten erscheinen im Mai in Trugdolden. Nach der Bestäubung mit Hilfe von Insekten entwickeln sich geflügelte Nüßchen, die paarweise zusammengewachsen sind. Nach der Reife im August werden diese vom Wind verbreitet.

Die relativ kleinen (3–5 cm), gegenständig angeordneten, drei- bis fünflappigen Blätter treiben kurz vor oder mit der Blüte im Mai. Die Herbstfärbung ist leuchtend gelb bis orange. Die Zweige sind häufig mit Korkleisten versehen. Die anfangs glatte Rinde des Stammes bildet später eine netzrissige, kräftige Borke.

In der Natur kommt der Feld-Ahorn in Laubmischwaldgesellschaften, hauptsächlich in Eichen-Hainbuchenwäldern vor und ist auch häufig in Waldsäumen vertreten.

Als Bonsai

Der Feldahorn-Bonsai mag einen sonnigen bis halbschattigen Standort. Auch windexponierte Stellen sind für ihn als Standplatz geeignet.

Steht der Baum nicht überdacht, so daß er zusätzlich Regenwasser bekommt, kann auch mit hartem Leitungswasser gegossen werden.

Da leicht erhöhte Salzkonzentrationen im Boden gut vertragen werden, übersteht der Feldahorn auch lange regenfreie Sonnenphasen meist ohne Blattschäden.

Als Pflanzsubstrat hat sich ein Gemisch aus Lehmgranulat, Sand und Torf im Gewichtsverhältnis von 2:1:1 bewährt. Mindestens alle 2 Jahre sollte umgetopft werden.

Gedüngt wird von Mai bis Juli mit organischem Bonsai-Dünger. Auf den Herbst wird der Baum mit einer stickstoffarmen, kaliumbetonten Düngung im August vorbereitet.

Überwintert wird durch Einsenken des Ballens ohne Schale an schattiger Stelle im Garten oder auf dem Balkon in einer mit Sand und Torf gefüllten Kiste.

Gestaltung

Von den japanischen Stilarten kommt die Besenform der natürlichen Wuchsform am nächsten. Sehr gut ist auch die aufrechte Form möglich. Die übrigen Stilarten sind ebenfalls geeignet.
Die meisten Probleme bereitet der steife und staksige Wuchs des Baumes, der unbedingt eine besonders konsequente Grundgestaltung notwendig macht.

Rückschnitt

Sämlinge und Rohpflanzen können, wie beim Bergahorn beschrieben, (siehe S. 52) geschnitten werden.
Bei einer bereits gestalteten Pflanze werden vor dem Austrieb im Frühjahr alle Äste so stark wie möglich zurückgeschnitten, unter Berücksichtigung des zu erwartenden Zuwachses im bevorstehenden Jahr. Bei Ästen, die sich gegenseitig behindern, wird einer entfernt. Ist dieser 1. Rückschnitt des Jahres beendet, muß jede verbliebene Knospe soviel Raumfreiheit haben, daß der Neuaustrieb sich gegenseitig überdeckt.
Je nachdem, in welcher Entwicklungsstufe sich der Baum befindet, wird der Frühjahrsaustrieb zu einem frühen oder späteren Zeitpunkt beschnitten.

Müssen der Stamm und der Ast noch an Dicke zulegen, wartet man, bis der Austrieb mindestens 20 cm lang ist, und schneidet dann auf 1–3 Blattpaare zurück.
Legt man mehr Wert auf eine feinere Verzweigung als auf einen dickeren Stamm, kann der 1. Austrieb bereits bei einer Länge von ca. 10 cm auf 1 oder 2 Blattpaare zurückgeschnitten werden.
Nach jedem Rückschnitt treibt der Feldahorn innerhalb von 2–3 Wochen wieder aus. Deshalb erfolgt der letzte Rückschnitt Ende Juli. Der folgende Austrieb wird pinziert, was in der Regel einen Austriebsstop bewirkt.
Durch einen Blattschnitt im Juni kann die Blattgröße verringert und die Verzweigung verfeinert werden, man behindert jedoch das Dickenwachstum.
Dickere Äste werden, um übermäßiges Bluten zu verhindern, entweder Anfang Februar oder nach dem Laubaustrieb im Frühjahr entfernt.
Größere Schnittstellen wachsen schneller zu, wenn sie mit einem Wundverschlußmittel behandelt werden, was gleichzeitig vor Infektionen schützt.
Rund um eine solche Stelle entwikkeln sich meist sehr viele Knospen. Es empfiehlt sich, diese frühzeitig zu entfernen und nur diejenige stehen zu lassen, die einen neuen Ast bilden soll.

Drahten

Wie bei allen Ahorn-Arten ist auch beim Feldahorn die Rinde sehr empfindlich, so daß sehr vorsichtig gedrahtet werden muß. Sehr eng angelegte Drähte hinterlassen oft bleibende Narben.
Um das Einwachsen zu verhindern, muß der Draht regelmäßig kontrolliert werden.
Meist sind nur die einjährigen Äste noch leicht zu biegen. Zum Formen älterer Äste sollten Spanndrähte verwendet werden.

Pflanzenbeschaffung

Samen sammelt man ab August, bewahrt diese in feuchtem Sand im Kühlschrank auf und sät im Frühjahr aus.
Jungpflanzen zwischen 2 und 4 Jahren, aber auch Rohlinge oder bereits gestaltete Bonsai findet man im Bonsai-Fachhandel.
Seit einigen Jahren wird auch eine besonders kleinblättrige Sorte (*A. campestre* 'Nana') und eine rotblättrige Variante (*A. campestre* 'Purpurea') kultiviert.
Die Natur liefert nur selten günstiges Ausgangsmaterial. Allerdings können ältere Heckenpflanzen manchmal zur Gestaltung eines Bonsai verwendet werden.

Oben links: Korkleisten am jungen Ast.

Oben rechts: Laub und Frucht des Feldahorn.

Unten links: Bei älteren Bäumen bildet sich eine attraktive Borke.

Ganz links: Feldahorn in Herbstfärbung, Höhe ca. 90 cm, Alter ca. 40 Jahre, gestaltet aus einem Findling.
Gestaltung: Manfred van Eick

Bergahorn und Spitzahorn

(Acer pseudoplatanus/Acer platanoides)

Da sich ihr Erscheinungsbild als Bonsai sehr ähnelt und auch ihre Bedürfnisse nicht gravierend von einander abweichen, werden die beiden Arten hier gemeinsam behandelt. Dort, wo sie sich unterscheiden, wird jeweils besonders darauf aufmerksam gemacht.
Die bis zu 25 Meter hohen Bäume bilden im Freistand auf einem kurzen Stamm eine breite, runde Krone. Während die Rinde des Bergahorns in flachen, relativ kleinen Schuppen abbröckelt, bildet sie beim Spitzahorn Risse in der Längsrichtung aus.
Die beim Bergahorn nach und beim Spitzahorn vor oder mit dem Laubaustrieb erscheinenden polygamen, zu Dolden vereinigten Blüten sind beim Spitzahorn auffällig gelb gefärbt und werden bei beiden Arten von Insekten bestäubt.
Die Früchte, geflügelte Nüßchen, werden vom Wind verbreitet.
Die Ende April austreibenden, meist fünflappigen Blätter sind, wie bei allen Ahorn-Arten, gegenständig angeordnet und färben sich im Herbst leuchtend gelb, beim Spitzahorn auch orange bis rot.
Die Blattlappen sind beim Spitzahorn deutlich zugespitzt.

Ganz rechts: Bergahorn in Herbstfärbung, Höhe ca. 60 cm, Alter 12 Jahre, gestaltet aus einer Bonsai-Rohpflanze.

Unten: Blatt des Spitzahorns (links) und des Bergahorns (rechts).

Als Bonsai

Der Standort kann für beide Arten sonnig bis halbschattig gewählt werden. Allerdings reagiert der Bergahorn auf große Hitze mit leichtem Blattabwurf.
Beide Arten stehen gerne im Wind, verbrauchen hier aber große Mengen Wasser und müssen deshalb bei entsprechendem Wetter mehrmals täglich gegossen werden. Beide Arten sind kalkliebend und vertragen leicht erhöhte Salzkonzentrationen im Substrat. Deshalb können sie auch mit hartem Leitungswasser gegossen werden.
Als Pflanzsubstrat hat sich eine Mischung aus japanischem Lehmgranulat, Sand und Torf im Gewichtsverhältnis von 1:1:1 bewährt. Alle zwei Jahre sollte die Erde gewechselt werden. Bei dieser Gelegenheit wird auch die Wurzel zurückgeschnitten.
Gedüngt wird ab Austriebsbeginn bis Ende August mit organischem Bonsai-Dünger. Auch mit mineralischem Flüssigdünger wurden gute Ergebnisse erzielt.
Beide Arten sind sehr frostresistent, können aber zum Schutz vor extremer Kälte und um eine gleichmäßige Ballenfeuchte auch im Winter zu gewährleisten mit den anderen Bäumen im Garten eingegraben oder auf dem Balkon in einer mit Torf und Sand gefüllten Kiste überwintert werden.

Gestaltung

Der natürlichen Wuchsform kommt von den japanischen Stilarten die Besenform am nächsten. Aber auch in der aufrechten Form bildet sich eine Krone mit runder Silhouette, so daß auch diese Stilart ein natürliches Bild ergibt. Selbstverständlich sind auch andere Wuchsformen denkbar. Wegen der verhältnismäßig großen Blätter sollte eine Endgröße nicht unter 50 cm gewählt werden.

Rückschnitt

Ein Sämling wird erst im 2. Jahr zum 1. Mal zurückgeschnitten. Mit diesem Schnitt wird meist die Stammhöhe des zukünftigen Bonsai festgelegt. Ist zum Beispiel eine Baumhöhe von ca. 75 cm geplant, kann der Schnitt bei beim Sämling im Juni des 2. Jahres in einer Höhe von ca. 25 cm, kurz hinter einem Knoten erfolgen. Innerhalb kurzer Zeit entwickeln sich in der Nähe der Schnittstelle 2 neue Triebe. Der eine wird zur Stammverlängerung, der andere durch einen weiteren Rückschnitt nach dem Erscheinen des 3. Blattpaares auf ein Blattpaar, zum ersten Seitenast herangezogen. Im Frühjahr des nächsten Jahres wird die Stammverlängerung vor dem Frühjahrsaustrieb zurückgeschnitten. Im Idealfall schneidet man das verbleibende Stück zwischen 1. Seitenast und Schnittstelle etwas kürzer als die Stammlänge vom Wurzelansatz bis zum 1. Seitenast zurück.
In den Achsen der beiden am höchsten sitzenden Blätter entwickeln sich wieder 2 neue Triebe, wovon der eine wieder als Stammverlängerung und der 2. durch zeitiges Einkürzen zum 2. Seitenast geformt wird. Ähnlich geht man im Juni des gleichen Jahres vor und erhält den 3. Seitenast. Soll eine Rohpflanze oder ein Findling

gestaltet werden, erfolgt ein 1. kräftiger Rückschnitt am besten im Frühjahr vor dem Frühjahrsaustrieb bei gleichzeitigem Wurzelschnitt, um ein zu starkes Bluten aus den Schnittwunden zu verhindern.
Das Nachbluten beim Rückschnitt im zeitigen Frühjahr ist für Ahorn-Arten typisch. Es kommt aber meist nach ein paar Tagen von selbst zum Stillstand.
Bei Rohlingen oder Heckenpflanzen erfolgt nach der ersten Grundgestaltung im Frühjahr der nächste Rückschnitt, je nach Stellung des Astes in der Krone, bei einer Trieblänge von 3–7 Blattpaaren. Je länger ein Trieb werden kann, um so stärker ist sein Dickenwachstum. 2 bis 4 Wochen nach dem Schnitt erfolgt ein erneuter Austrieb, der nun etwas früher zurückgeschnitten werden muß, um den Baum zu einem 3. Austrieb zu veranlassen. Dieser wird nach dem Erscheinen des 1. oder 2. Blattpaares pinziert.
Bei bereits gestalteten Bäumen entfernt man vor dem Frühjahrsaustrieb, um die Bildung von Seitentrieben zu fördern, alle Endknospen. Der dann folgende Austrieb wird ab einer Länge von 3 Blattpaaren auf 1 oder 2 Blattpaare zurückgenommen. Oft erfolgt nun kein weiterer Austrieb,

Links: Bergahornblüte.

Unten links: Die Früchte der Ahornarten sehen sich sehr ähnlich: Feldahorn (oben), Bergahorn (Mitte), Spitzahorn (unten).

Ganz links: Spitzahorn mit beginnender Herbstfärbung, Höhe ca. 40 cm, Alter ca. 10 Jahre, gestaltet aus einer Bonsai-Rohpflanze. *Gestaltung: Gijs Meboer*

statt dessen wachsen die verbliebenen Blätter weiter.
Ende Mai kann bei einem gesunden Baum ein Blattschnitt erfolgen, der das ins Stocken geratene Wachstum wieder anregt und zur Bildung kleinerer Blätter und einer feineren Verzweigung beiträgt. Besonders im oberen Drittel der Krone entstehen jetzt noch einmal längere Triebe, die wieder ab einer Länge von 3 Blattpaaren eingekürzt oder früher pinziert werden.
Große Schnittstellen, die dem Baum zwischen Beginn der Wachstumsperiode und Ende Mai zugefügt werden, wachsen, wenn sie gut verschlossen werden, schnell zu und richten so keinen Schaden an.

Drahten

Beide Arten lassen sich, wenn sie bereits als Sämling auf ihr Bonsai-Dasein vorbereitet werden, ohne Draht gestalten. Soll eine ältere Rohpflanze in Form gebracht werden, kann auf Draht nicht verzichtet werden. Junge Äste bis zu einem Alter von 2 Jahren lassen sich noch leicht biegen. Ältere Äste werden besser gespannt, weil sie schon zu hart geworden sind, so daß der Draht auch bei sehr behutsamem Vorgehen unerwünschte Spuren in der Borke hinterläßt.

Pflanzenbeschaffung

Samen sammelt man im September, bewahrt diese in feuchtem Sand im Kühlschrank auf und sät im Frühjahr aus.
Ein- bis zweijährige Pflanzen lassen sich auch leicht am Rand von Friedhöfen, in Parkanlagen oder auch im eigenen Garten finden. Im Bonsai-Fachhandel werden Jungpflanzen nur selten angeboten. Ältere, vorgestaltete Rohpflanzen sind allerdings manchmal zu finden.
Auch bereits gestaltete Bonsai sind in seltenen Fällen im Fachhandel anzutreffen.

Felsenahorn

(Acer monspessulanum)

Der Felsenahorn ist bei uns nicht sehr häufig und deshalb auch weniger bekannt. Er liebt wärmere, kalkige Standorte und kommt sowohl als kleiner Baum als auch als Großstrauch vor. Die gegenständigen Blätter treiben während der Blüte, sind dunkelgrün und verfärben sich im Herbst gelb.
Die in Dolden stehenden Blüten werden durch Insekten bestäubt und bilden die typischen Ahornfrüchte, zu zweien zusammengewachsene geflügelte Nüßchen, die vom Wind verbreitet werden.
Die anfangs glatte Rinde wird erst im Alter schwach rissig bzw. schuppig.

Als Bonsai

Auch als Bonsai bevorzugt der Felsenahorn einen sonnigen Standort und kann relativ trocken gehalten werden. Er reagiert sehr empfindlich auf anhaltend nasses Substrat. Als Gießwasser kann auch Leitungswasser dienen.
Er kann in ein Gemisch aus Lehmgranulat und feinem Kies im Gewichtsverhältnis von 5:1 gepflanzt werden, das alle 2–3 Jahre zum Teil erneuert wird. Gleichzeitig wird die Wurzel zurückgeschnitten.
Der Nährstoffbedarf ist nicht sehr hoch, da der Felsenahorn sehr langsam wächst. Ab Austriebsbeginn bis zum August kann vierzehntägig ein fester organischer Dünger verabreicht werden.
Ein Blattschnitt ist möglich, aber zur Blattverkleinerung wegen der ohnehin schon kleinen Blätter nicht erforderlich. Er könnte allerdings das sehr zeitig abgeschlossene Wachstum des Baumes erneut anregen und damit zur schnelleren Entwicklung des Baumes beitragen.
Er ist nicht besonders winterhart, kann aber trotzdem ohne Probleme im Garten eingesenkt werden. Bei Temperaturen unter –5°C sollte zusätzlich mit Stroh, Laub oder alten Zweigen abgedeckt werden.

Rechts: Felsenahorn im Sommer, Höhe ca. 25 cm, Alter ca. 8 Jahre, gestaltet aus einer Jungpflanze.

Gestaltung

Die Japanischen Stilarten sind alle möglich. Fast von selbst wächst der Felsenahorn in die Besenform. Hierzu ist nur ein regelmäßigen Rückschnitt notwendig.

Rückschnitt

Sämlinge von *A. monspessulanum* werden in den ersten 2 Jahren nicht zurückgeschnitten.
Erst im Frühjahr des 3. Jahres kürzt man das Stämmchen auf die gewünschte Stammhöhe zurück.
Ältere Rohpflanzen werden in der Zeit zwischen dem Anschwellen der Knospen im Frühjahr und Ende August gestaltet. Sind zum Zeitpunkt der

Gestaltung noch keine Blätter getrieben, wird gleichzeitig ein kräftiger Wurzelschnitt durchgeführt.
In der Schale ist der Zuwachs in jedem Jahr nur sehr gering, so daß dieser bei bereits durchgestalteten Pflanzen in der Regel nur einmal, Ende Mai, um die Hälfte reduziert wird. Im Gegensatz zu anderen Ahorn-Arten treibt der Felsenahorn danach nicht ohne weiteres neu aus. Hier muß eine hohe Düngergabe während des Frühjahrsaustriebes unterstützend nachhelfen.

Drahten

Die sehr dünnen ein- und zweijährigen Äste lassen sich noch leicht drahten. Trotz des geringen Dickenwachstums von A. monspessulanum müssen die Drähte regelmäßig kontrolliert werden, um Druckstellen zu vermeiden.
Die Rinde älterer Äste wird von bleibenden Narben verschont, wenn diese nicht gedrahtet, sondern gespannt werden.

Pflanzenbeschaffung

Die reifen Samen werden über Winter im Kühlschrank in feuchtem Sand aufbewahrt und im Frühjahr ausgesät. Jungpflanzen und ältere vorgestaltete Roh-Bonsai werden von einigen Bonsai-Fachbetrieben angeboten. Bonsaigeeignete Findlinge sind wenig bekannt und sollten auch wegen der Seltenheit der Pflanzen nicht der Natur entnommen werden.

Tierische Schädlinge bei Ahornarten

Blattläuse befallen besonders gern die jungen Triebe, deren Blätter sich dann einrollen und sich nicht mehr voll entwickeln. Die Bekämpfung erfolgt mit einem nützlingsschonenden Mittel gegen Blattläuse.
Einen fleckig auftretenden, filzigen Belag verursachen verschiedene Gallmilben. Diese leben in mehreren Generationen zwischen den durch ihr Saugen entstandenen vergrößerten Blatthaaren, die sich später bräunlichrot verfärben können. Überwintert wird als Ei in kleinen Spalten und Ritzen der Rinde. Eine Bekämpfung kann aus optischen Gründen, zum Beispiel wegen einer bevorstehenden Ausstellung erforderlich werden. Der Befall kann durch das Entfernen befallener Blätter reduziert werden. Bei sehr starkem Auftreten ist eine Spritzung mit einem Mittel gegen Milben angebracht.
Eine andere Gattung von Gallmilben verursachen durch ihr Saugen am Blatt die Bildung von wenigen Millimeter großen, länglichen, deutlich zugespitzten rötlichen Gallen auf der Blattoberseite. Die Bekämpfung kann durch Entfernen und Vernichten der befallenen Blätter erfolgen.
Die Rosenzikade (*Thyphlocyba rosae*) und deren Larve verursachen feine helle Sprenkelungen auf dem Blatt. Da die entsprechenden Blätter später meist absterben, ist eine Bekämpfung bei starkem Befall mit einem nützlingsschonenden Mittel gegen saugende Insekten zu empfehlen.

Pilzkrankheiten

Den Echten Mehltau erkennt man deutlich am weißlichgrauen Belag auf der Blattoberseite. Der Schadpilz kann während der gesamten Vegetationszeit auftreten. Er überwintert auf den abgeworfenen Blättern. Die Bekämpfung erfolgt durch ausgewogene Düngung (nicht zu viel Stickstoff) und durch Einsprühen der Pflanzen während des Blattaustriebs im Frühjahr mit einem Fungizid gegen Echten Mehltau.
Ein anderer Pilz, *Rhytisma acerinum*, verursacht die Teerfleckenkrankheit, die an zunächst gelblichen, später schwarz werdenden Flecken auf den Blatträndern zu erkennen ist. Die Bekämpfung kann durch Behandlung mit einen kupferhaltigen Fungizid im Frühjahr erfolgen.
Der Rotpustelpilz (*Nectria cinnabarina*) zeigt sich durch das Absterben einzelner Äste oder ganzer Astpartien und der anschließenden Bildung orangeroter Pusteln am abgestorbenen Holz. Der Pilz infiziert die Pflanze z. B. über frische Schnittstellen oder über bereits abgestorbene Pflanzenteile und wächst von hier in lebendes Gewebe und bringt dieses zum Absterben. Die Bekämpfung kann durch Rückschnitt bis auf das gesunde Holz erfolgen. Schnittstellen müssen mit einem fungizidhaltigen Wundverschlußmittel behandelt werden.

Unten rechts: Gallmilbenbefall am Bergahorn.

Unten links: Echter Mehltau am Feldahorn.

Schwarzerle und Grauerle

(Alnus glutinosa/Alnus viridis)

Ganz rechts: Schwarzerle im Winter.

Unten: Schwarzerle, Höhe ca. 70 cm, Alter 12 Jahre.

Die Schwarzerle trägt an ihrem vom Boden bis zur Baumspitze durchgehenden Stamm waagerechte Äste und ist einer der wenigen Laubbäume, der die kegelförmige Silhouette eines Nadelbaumes ausbildet. Die Grauerle wächst mehr dickichtartig und unregelmäßig.

Die einhäusigen Pflanzen bilden von März bis April die männlichen Blüten als bräunliche (Schwarzerle) oder auffällig gelbe Kätzchen, die schon im Sommer des Vorjahres angelegt wurden. Die Bestäubung der unscheinbaren weiblichen Blüten erfolgt durch den Wind.

Die Früchte, 2–4 mm große Nüßchen, entwickeln sich in einem Fruchtzapfen und reifen von September bis Oktober.
Die breit-eiförmigen (Schwarzerle) oder eiförmig-zugespitzten (Grauerle) wechselständigen Blätter treiben nach der Blüte aus einer gestielten Knospe. Die Blätter der Erlen machen keine Herbstfärbung, sondern fallen im Herbst, spätestens nach dem ersten Frost, im grünen Zustand ab.
Die schwarzbraune Rinde der Schwarzerle bildet im Alter eine flache Tafelborke aus. Die Rinde der Grauerle ist glatt und grau.
Das Wurzelsystem beherbergt in sogenannten Wurzelknöllchen Mikroorganismen (Bakterien), die den Stickstoff der Luft binden und dem Baum zur Verfügung stellen können.
In der Natur kommt die Schwarzerle hauptsächlich an Bach- und Flußufern (auch im Überschwemmungsbereich) sowie in Bruch- und Auwäldern vor. Die Grauerle ist häufig an Fließgewässern im Gebirge anzutreffen.

Als Bonsai

Wegen ihrer Schnellwüchsigkeit und ihrer guten Schnittverträglichkeit ist die Schwarzerle auch für die Bonsai-Gestaltung geeignet und ist wegen der extremen Kurzlebigkeit der Grauerle dieser vorzuziehen.
Der Standort kann vollsonnig bis halbschattig gewählt werden, die Schwarzerle sollte aber vor starkem Wind geschützt sein.
Der Wasserbedarf der Erlen ist sehr groß. Man spart also viel Gießwasser, wenn sie bei heißem Wetter im Schatten aufgestellt wird. Zum Gießen sollte bei der Schwarzerle möglichst Regenwasser oder entkalktes Wasser verwendet werden. Da ein hoher Salzgehalt im Boden nicht vertragen wird, muß immer ausdauernd

gegossen werden, damit im Boden angereicherte Salze vom abfließenden Gießwasser ausgeschwemmt werden können.
Die Grauerle kann mit kalkhaltigem Leitungswasser gegossen werden.
Sie verträgt auch einen etwas höheren Salzgehalt im Boden.
Werden Erlen in den ersten Jahren im Feld vorgestaltet, erzielt man besonders schnell einen sehr dicken Stamm. Eine feinere Verzweigung läßt sich aber erst in der Bonsai-Schale erreichen.
An das Pflanzsubstrat stellt die Schwarzerle keine besonderen Ansprüche. Es wurden gute Erfahrungen mit einer Mischung aus Torf, Sand und japanischen Lehmgranulat im Gewichtsverhältnis von 2:1:1 gemacht. Für Grauerlen keine sauren Erdmischungen verwenden.
Gedüngt wird mit organischem Bonsai-Dünger in fester Form von April bis August.
Die Überwinterung erfolgt an einem schattigen Platz im Garten, indem der Ballen ohne Schale in die Erde eingesenkt wird, oder auf dem Balkon, in einer mit Torf und Sand gefüllten Kiste.

Gestaltung

Da die Blattgröße auch nach mehrjähriger Schalenkultur nur begrenzt zu verringern ist, sollte der Erlen-Bonsai nicht zu klein angelegt werden.
Von den japanischen Bonsai-Stilarten kommt die »streng aufrechte Form« der natürlichen Wuchsform am nächsten. Aber auch andere Stilarten sind möglich.
Da die Schwarzerle sehr schnell einmal zu trocken wird, muß man damit rechnen, daß der eine oder andere wichtige Ast abstirbt. Da meist direkt unterhalb des toten Astes ein neuer Austrieb erfolgt, sind solche Äste relativ leicht wieder zu ersetzen. Der Neuaustrieb wird in solchen Fällen so lange nur selten zurückgeschnitten, bis er die Dicke des zu ersetzenden Astes erreicht hat.
Rohlinge lassen sich am besten von April bis Juni gestalten. Im Winter geformte Pflanzen verschließen große Schnittstellen sehr schlecht und müssen frostfrei gehalten werden.

Rückschnitt

Sämlinge werden im Juni des 2. Jahres um die Hälfte eingekürzt. Spätere Austriebe werden bei einer Länge von etwa der Hälfte der geplanten Gesamthöhe entsprechend der Stellung des Astes im Baum auf 1–3 Blätter zurückgeschnitten.
Solange die Erle im Feld steht, muß sie, wird sie nicht jedes Jahr umgesetzt, je nach Wetter bis zu fünfmal im Jahr zurückgenommen werden, um zu große Schnittstellen zu vermeiden. In der Schale hält das üppige Wachstum nur im Halbschatten bei ständiger Feuchtigkeit an. Sonst sind nicht mehr als 3 Austriebe pro Jahr zu erwarten.
Bei bereits gestalteten Pflanzen läßt man den ersten Austrieb im Frühjahr eine Länge von ca. 20 cm erreichen, bevor er zurückgeschnitten wird.
Spätere Austriebe kann man auch früher einkürzen.
Ein Blattschnitt ca. 4 Wochen nach

Rechts: Die reifen Fruchtstände mit den kleinen Früchten (oben) und die Fruchtstände sowie die Blütenanlagen (unten) für das nächste Jahr sind im Herbst am gleichen Ast zu finden. Die Schwarzerle (unten) ist von der Grauerle (oben) leicht durch die fehlende Blattspitze zu unterscheiden.

dem ersten Austrieb wird gut vertragen und fördert den Grad der Verzweigung. Die Blattgröße verringert sich hierdurch aber leider meist nicht.
Dickere Äste sollten nur in der Wachstumsperiode (Frühjahr – Sommer) geschnitten werden, weil im Herbst und Winter entstandene Schnittwunden nicht gut verheilen.

Drahten

Gedrahtet wird in der Vegetationszeit, während des Frühjahrsaustriebes oder nach dem ersten Rückschnitt. Jüngere Äste der Erlen lassen sich leicht Drahten, da sie lange elastisch bleiben. Wegen des oft schubweisen starken Dickenwachstums muß der Draht ständig beobachtet werden, damit er nicht einwächst. Ältere Äste werden am besten im Frühjahr mit Austriebsbeginn gespannt. Sie behalten dann bereits im Herbst die gewünschte Richtung bei.

Pflanzenbeschaffung

Samen sammelt man im Herbst, überwintert diesen in feuchtem Sand im Kühlschrank und sät im Frühjahr aus.
Erlen werden aber auch oft als Heckenpflanze in Baumschulen angeboten. Ältere vorgestaltete Pflanzen erwirbt man am besten in einem Bonsai-Fachbetrieb. Bereits gestaltete Erlen-Bonsai werden nur in Ausnahmefällen zum Kauf angeboten. Findlinge sind nur manchmal zur Bonsai-Gestaltung zu verwenden.

Tierische Schädlinge

Der Erlenblattfloh (*Psylla alni*) hinterläßt zwar an den Saugstellen helle Sprenkel, richtet aber sonst keinen größeren Schaden an. Bei starkem Befall kann die Bekämpfung mit einem nützlingsschonenden Mittel gegen saugende Insekten erfolgen.

Die Raupen der Erlenblattwespe (*Croesus septentrionalis*) fressen in großer Zahl am Blattrand. Bei starkem Befall können sie auch einen größeren Bonsai kahl fressen und sollten deshalb frühzeitig abgesammelt werden.
Der Erlenblattkäfer (*Agelastica alni*) und seine Larve sind wohl die häufigsten Fraßschädlinge an der Schwarzerle. Die Bekämpfung kann auch hier durch Absammeln der blaumetallisch glänzenden Käfer oder der schwarzen Larven erfolgen. Auch die auffälligen gelben Gelege sind leicht aufzuspüren und zu entfernen.
Die Larve des Erlenrüßlers (*Cryptorrynchus lapathi*) frißt Gänge in die Rinde und ins Holz. Die befallenen Äste können absterben. Der bräunliche Käfer, mit hellen Querstreifen auf den Flügeldecken, überwintert im Boden. Die Bekämpfung kann durch Entfernen und Vernichten der befallenen Äste erfolgen.

Pilzkrankheiten

Der Echte Mehltau wird bei der Erle anfangs oft übersehen, da der weiße Belag auf der Blattunterseite und sehr schwach ausgebildet wird. Die sonst meist auf eine Pflanzenart spezialisierten Mehltaupilze haben hier auch einen unspezialisierten Vertreter (*Phyllactinia guttata*), der auch andere Pflanzenarten infizieren kann. Die Bekämpfung erfolgt mit Netzschwefel beim erstem Auftreten. Der Pilz überwintert in abgeworfenen Blättern, werden diese beseitigt, kann eine Infektion im Frühjahr verhindert werden.
Die ebenfalls durch einen Pilz (*Taphrina tosquinetii*) hervorgerufene Kräuselkrankheit zeigt sich durch leichte blasige Verformung und gelbliche bis rötliche Verfärbung der befallenen von unter bereift aussehenden Stellen. Die Bekämpfung muß vorbeugend im Frühjahr während des Austriebes durch Spritzung mit einem kupferhaltigen Fungizid erfolgen.

Oben links: Gelege des Erlenblattkäfers.

Mitte: Erlenblattkäfer bei der Paarung.

Unten: Kräuselkrankheit an der Schwarzerle (Blattunterseite).

Sandbirke und Moorbirke

(Betula pendula/Betula pubescens)

Im Rahmen dieses Kapitels werden wir uns mit den beiden weißstämmigen Bäumen, der Sand- und der Moorbirke beschäftigen. Da andere eingebürgerte weißstämmige Arten allerdings ähnlich reagieren, trifft vieles auch für diese zu. Die Zwergbirke wird bei der Beschreibung der Sträucher gesondert behandelt.

Die Sandbirke entwickelt sich in der Natur unter Normalbedingungen zu einem schlanken, weißstämmigen Baum mit kegelföriger Krone und hängenden Ast-Enden. Sie kann eine Höhe von 20 m und mehr erreichen. Im unbelaubten Zustand ist sie leicht an ihren warzigen Zweigen zu erkennen.

Rechts: Sandbirke im Herbst, Höhe ca. 80 cm, Alter 12 Jahre, gestaltet aus einer Bonsai-Rohpflanze. ***Gestaltung: Wolfgang Wehrend***

Ganz rechts: Sandbirke mit beginnender Herbstfärbung, Höhe ca. 80 cm, Alter 12 Jahre, gestaltet aus einer Bonsai-Rohpflanze.

Die Moorbirke bildet eine mehr runde, auf einem kurzen weißen Stamm sitzende Krone ohne hängende Astenden. Junge Zweige sind weich behaart.
Die wechselständigen, dreieckig-rhombischen Blätter treiben oft erst kurz nach der Blüte von April bis Mai.
Die Herbstfärbung ist leuchtend gelb.
Birken sind einhäusig. Die Bestäubung besorgt der Wind. Die Früchte, geflügelte Nüßchen, reifen ab Juni und werden vom Wind verbreitet.
Die Sandbirke kommt in trockenen, lichten Laub- und Nadelmischwaldgesellschaften genauso vor wie auf Mooren, Heidewiesen und Geröllhalden.
Die Moorbirke bevorzugt feuchte Standorte und kommt in verschiedenen Laub- und alpinen Nadelmischwaldgesellschaften vor.

Als Bonsai

Der Birken-Bonsai ist nicht unproblematisch, da die Pflanze nicht sehr schnittverträglich ist. Werden Schnittstellen nicht sorfältig verschlossen, entstehen leicht, auch noch nach längerer Zeit, Infektionen, die zum Absterben des entsprechenden Astes führen. Wird dies jedoch beachtet, sind Birken relativ anspruchslos.
Ein halbschattiger Standort wird von beiden Arten bevorzugt.
Während ein ganztägig sonniger Standort bei genügenden Wassergaben ertragen wird, wird ein ganztägig schattiger Platz in der Regel nicht geduldet. Auf große Hitze wird ebenfalls mit starkem Blattwurf reagiert. Ihre Salzempfindlichkeit macht reichliche Wassergaben notwendig. Wenn möglich Regenwasser verwenden.
Die Sandbirke übersteht kurzzeitige Trockenheit, reagiert aber mit Blattwurf.
An das Pflanzsubstrat werden keine

Rechts: Verschiedene im Spätsommer und Herbst auftretende Pilzerkrankungen verursachen das Absterben geschwächter Äste im Winter.

besonderen Ansprüche gestellt. Allerdings muß überschüssiges Gießwasser gut ablaufen können. Die Pflanzerde wird alle 2 Jahre erneuert, mit gleichzeitigem Wurzelschnitt. Da die Sandbirke nach dem Wurzelschnitt nicht mehr frosthart ist, wird sie am besten mit beginnendem Austrieb umgepflanzt.
Ab Austriebbeginn bis Anfang August kann vierzehntägig fester organischer Bonsai-Dünger gegeben werden.
Der weiße Stamm wird nur bei kräftigem Wachstum und Sonneneinwirkung auf den Stamm gebildet. Deshalb sollte in den ersten Jahren ein relativ großes Gefäß und reichlich Dünger Verwendung finden.
Hat der Baum im Herbst normal das Laub abgeworfen, ist er sehr frostfest, sollte zur Sicherheit allerdings über Winter im Garten eingegraben werden.

Gestaltung

Die jungen Äste lassen sich leicht drahten. Will man eine natürliche Form erreichen, können bei der Sandbirke die japanischen Stilarten nur als grobe Hilfestellung dienen, da für sie in der Natur eine schmale Krone und hängende Zweige typisch sind. Die Hauptäste richten sich jedoch, auch bei alten Bäumen, deutlich nach oben.
Um eine ähnliche Erscheinungsform zu erreichen, muß beim Bonsai der Neuaustrieb jeweils nach unten gedrahtet werden, da dieser nicht, wie in der Natur, so schwer und lang wird, daß er von selbst hängt. Der Austrieb, der zum Aufbau der Krone nach unten gedrahtet werden soll, wird bis zum Juni nicht geschnitten. Dann ist er lang und kräftig genug, um geformt werden zu können.

Rückschnitt

Sämlinge werden im Juni des 2. Jahres auf die Hälfte oder im Frühjahr des 3. Jahres auf ca. 15 bis 20 cm zurückgeschnitten. Will man einen weißen Stamm erreichen, sollte die Pflanze die nächsten 3 Jahre im freien Feld verbringen. Hier wird sie regelmäßig eingekürzt und die Krone offen gehalten. Wird sie zu dicht, sterben komplette Äste ab.
Bei bereits gestalteten Bäumen werden im Frühjahr vor dem Austrieb alle Äste entfernt, die für den Kronenaufbau nicht unbedingt benötigt werden, damit auch im belaubten Zustand genügend Sonnenlicht auf den Stamm treffen kann.
Der Neuaustrieb wird im Frühjahr bei jüngeren Pflanzen zum ersten Mal bei einer Länge zwischen 20 und 30 cm zurückgeschnitten. Ältere, bereits gut entwickelte Exemplare, die bereits einen weißen Stamme aufweisen, kann man, um die äußere Verzweigung fein zu halten, auch früher schneiden.
Nach unten gedrahtete Astspitzen treiben nicht so stark wie andere Äste. Deshalb muß die Sandbirke im oberen Kronenbereich häufiger geschnitten werden.
Nach jedem Rückschnitt treiben die Birken neu.
Ab August den Neuaustrieb nur noch pinzieren, um einen Austriebsstop zu erreichen. Ist trotzdem bis zum ersten Frost keine Herbstfärbung zu erkennen, muß die Pflanze bei Temperaturen unter –2 °C geschützt werden.

Drahten

Gedrahtet wird nur während der Vegetationsperiode ab Austriebsbeginn. Im Winter gedrahtete Äste sterben häufig im Frühjahr ab. Ein und zweijährige Zweige und ältere Äste bis Bleistiftdicke lassen sich noch, ohne der Rinde zu schaden, drahten. Ältere Äste werden gespannt.
Äste im oberen Drittel des Baumes werden besonders schnell dicker, so daß der Draht hier alle 4 Wochen erneuert werden muß

Pflanzenbeschaffung

Samen erntet man im Herbst, lagert diese trocken und sät im Frühjahr aus. Im 2. Jahr erfolgt bereits der erste Rückschnitt.
Einjährige Sämlinge findet man in fast jedem Blumenkasten.
Zwei- bis fünfjahrige Jungpflanzen werden auch im Bonsai-Fachhandel angeboten. Auch ältere vorgestaltete Rohpflanzen stehen hier manchmal zum Verkauf.
Bereits gestaltete Birken-Bonsai werden in letzter Zeit häufiger angeboten.

Tierische Schädlinge

Die grünliche Birkenzierlaus (*Euceraphis punctipennis*) saugt besonders gern an jungen Trieben und läßt diese verkümmern. Hier ist eine Bekämpfung mit einem nützlingsschonenden Mittel gegen Blattläuse erforderlich. Der Springrüßler (*Orchestes populi*) frißt Löcher in die Birkenblätter, während seine Larve Minierfraß verursacht, der zum Blattfall führen kann.

Da er sich stark vermehrt, muß eine Bekämpfung erfolgen – am besten durch Absammeln der ausgewachsenen Tiere und Vernichten der von den Larven befallenen Blätter.
Andere von der Birke lebende Tiere, wie die Gallmilbe (*Acaria brevitarsa*), die einen filzigen Belag auf der Blattunterseite verursacht, der Birkenblattroller (*Deporaus betulae*), der sich durch zusammengerollte Blätter zeigt oder die Birken-Minierfliege (*Agromyza alnibetulae*), deren Anwesenheit durch Minierfraß im Blatt zu erkennen ist, verursachen keinen das Leben der Pflanze beeinflussenden Schaden und können durch das Entfernen befallener Blätter erfolgreich reduziert werden.

Pilzkrankheiten

Der Birkenrost (*Melampsoridium betulinum*) bildet gelbe bis orange Pusteln auf der Blattunterseite. Die entsprechenden Stellen sind auf der Blattoberseite gelb verfärbt. Der Pilz verursacht frühzeitigen Blattabwurf, der bei jungen Pflanzen zum Absterben großer Astpartien oder des ganzen Baumes führen kann.
Der Birkenrost macht einen Wirtswechsel mit der Lärche durch.
Die Bekämpfung erfolgt entweder vorbeugend im Frühjahr oder bei Befall durch Einsprühen mit einem Fungizid gegen Rostpilze.
Mehltau ist bei Birke schlecht zu erkennen, aber nicht selten. Er zeigt sich im Spätsommer durch einen schwachen gräulichen Belag auf den Blättern und führt zum Blattfall und zum Absterben ganzer Äste. Er kann vorbeugend durch eine Austriebsspritzung oder beim Auftreten mit einem Fungizid gegen Echten Mehltau behandelt werden.

Links: Moorbirke im Frühjahr, Höhe ca. 60 cm, Alter 12 Jahre, gestaltet aus einer Bonsai-Rohpflanze.
Gestaltung: Wolf D. Schudde

Hainbuche

(Carpinus betulus)

Der Name ist etwas irreführend, da die Hainbuche mit den Birken mehr verwandt ist als mit den eigentlichen Buchen. Aber die Blattform ist der der Rotbuche sehr ähnlich.
Bekannt ist die Hainbuche vor allem als Heckenpflanze, was auf eine gute Schnittverträglichkeit hinweist. Eine wichtige Voraussetzung zur Eignung als Bonsai.
Sie ist auch unter den Namen Weißbuche, Hagebuche oder Hornbaum (siehe englische Literatur) bekannt.
Die Hainbuche entwickelt sich in der Natur zu einem meist kleineren Baum von 5–10 m Höhe. Es kommen aber auch größere Exemplare vor, bis maximal 25 m.
Die nicht selten mehrstämmigen Bäume bilden im Freistand eine eiförmige Krone. Die im Alter silbrige Rinde der krummen, »gedrehten« Stämme reißt in der Längsrichtung leicht auf, so daß sich eine interessante Streifenzeichnung ergibt.
Die Hainbuche bildet männliche und weibliche Blüten (Kätzchen) an einer Pflanze aus. Bei der Bestäubung hilft der Wind. Die Früchte, kleine Nüßchen, die in einem dreilappigen Flugorgan haften, werden ab September vom Wind verbreitet.
Die eiförmigen, wechselständigen, am Rand doppelt gesägten Blätter treiben relativ früh, Ende April, Anfang Mai, aus. Die Herbstfärbung ist leuchtend gelb. Das später braune Laub bleibt zur Beschattung des Stammes oft den ganzen Winter bis zum Neuaustrieb am Baum.
In der Natur kommt die Hainbuche in verschiedenen Laubmischwaldgesellschaften vor. Wird aber auch sehr häufig, nicht nur als Hecke, angepflanzt.

Als Bonsai

Die Hainbuche ist wohl eine der beliebtesten Bonsaipflanzen unter den heimischen Bäumen.
Der Standort sollte halbschattig gewählt werden, obwohl die Pflanze in der Natur auch volle Sonne gut verträgt. Das junge Laub ist relativ hitzeempfindlich und nicht windfest. Dies kann in einem warmen, stürmischen Frühjahr an sonnigen Stand-orten zu braunen Blatträndern führen. Außerdem muß im Halbschatten nicht so häufig gewässert werden, so daß die Gefahr der Übersalzung des Bodens nicht so groß ist.
Die Hainbuche sollte mit Regenwasser gegossen werden, verträgt aber auch Leitungswasser, wenn sie so aufgestellt ist, daß sie bei Regen gut naß wird. Regnet es allerdings lange Zeit nicht, sollte das Gießwasser nicht zu kalk- und salzhaltig sein, weil sonst ebenfalls leicht braune Blattränder auftreten.
Besondere Beachtung muß der Nährstoffversorgung geschenkt werden. Während eine Kiefer oder ein Wacholder durchaus 10 Jahre ohne Dünger überleben kann, kümmert eine Hainbuche ohne ausreichende Nährstoffversorgung bereits nach einem Jahr. Gute Erfahrungen wurden mit organischem Bonsai-Dünger in Pulver- oder Kugelform gemacht. Gedüngt wird ab Austriebsbeginn vierzehntägig. Die Menge wählt man nach Dosierungsvorschrift auf der Packung.
Treten trotzdem Mangelerscheinungen auf, kann vorsichtig mit Mineraldünger nachgedüngt werden (Vorsicht!! Die Hainbuche ist salzempfindlich).

Rechts: Die Rinde älterer Hainbuchen zeigt in der Natur eine interessante Zeichnung.

Ab August stellt man das Düngen wieder ein, weil bei zu hohen Nährstoffgaben im Spätsommer oft die Herbstfärbung, also die Winterruhe, zu spät eintritt und der Baum dann nicht frosthart ist.
Bezüglich des Pflanzsubstrates ist die Hainbuche sehr flexibel. Z. B. kann ein Standardgemisch aus Lehmgranulat (= Japanerde), Sand und Torf im Gewichtsverhältnis von ca. 1:1:1. verwendet werden.
Die Erde wird alle 2–3 Jahre bei gleichzeitigem Wurzelschnitt, gewechselt. Im Frühjahr kann hierbei die Wurzel einer gesunden Pflanze ohne Gefahr um bis zu 2 Drittel reduziert werden. So ist sehr schnell ein flacher Ballen zu erreichen.
Die Überwinterung erfolgt im Garten durch Einsenken des Ballens ohne Schale in die Erde oder in einer Kiste, die mit einem Gemisch aus Torf und Sand gefüllt ist. Immer an einer schattigen Stelle überwintern! Bei Temperaturen unter –10 °C muß die Pflanze zusätzlich mit Folie, Stroh

oder Tannenzweigen abgedeckt werden.
Nach einem milden Winter muß die Hainbuche vor Spätfrösten geschützt werden.

Gestaltung

Die Hainbuche kann in alle japanischen Stilformen gebracht werden. Die häufigste ist die »aufrechte Form«, die, beginnt man mit einer nicht zu alten Pflanze, auch ohne Draht, also durch gezielten Schnitt zu erreichen ist.
Die Grundgestaltung eines Rohlings kann zwischen dem Anschwellen der Knospen und Ende Juli vorgenommen werden.

Rückschnitt

Sämlinge schneidet man im 3. Jahr vor dem Frühjahrsaustrieb das 1. Mal zurück.
Mit dem Rückschnitt bereits gestalteter Pflanzen kann man 3–4 Wochen nach dem 1. Austrieb beginnen. Je nach Gestaltungsziel kann eine Länge des Neuaustriebs von 5–30 cm abgewartet werden. Nach dem Grundsatz: Je länger der Neuaustrieb werden kann, um so stärker ist das Dickenwachstum.
Da die Hainbuche nach jedem Schnitt neu austreibt, ist eine feine Verzweigung relativ schnell zu erreichen. Ein Blattschnitt, ca. 3–4 Wochen nach dem ersten Austrieb, wird bei ausreichender Nährstoffversorgung gut vertragen, verzögert allerdings das Dickenwachstum.
Ab August wird der Neuaustrieb nur noch pinziert, das heißt, man entfernt die Triebspitze, sobald der Austrieb 3–5 Blätter lang ist. Die Pflanze stellt dann das Wachstum ein, so daß der letzte Austrieb genug Zeit hat auszureifen.

Starke Äste entfernt man im Frühjahr, am besten kurz vor dem Austrieb oder im Juni. Dann wachsen die Schnittstellen besonders schnell zu.

Drahten

Soll eine ältere Pflanze, ein Rohling oder Findling gestaltet werden, muß in der Regel Draht Verwendung finden. Ein- und zweijährige Äste lassen sich noch gut biegen, der Draht wächst allerdings, wegen des starken Dickenwachstums im Juni, sehr leicht ein.

Gedrahtet werden kann in der Zeit vom Austriebsbeginn im Frühjahr bis August.
Ältere Äste formt man am besten mit Spanndrähten

Pflanzenbeschaffung

Samen sammelt man im September, bewahrt diese in feuchtem Sand im Kühlschrank auf und sät im Frühjahr aus.
Es können ein paar Jahre gespart werden, wenn gleich eine etwas älteren Pflanze verwendet wird.

Unten: Hainbuche im Sommer, Höhe ca. 80 cm. Alter ca. 20 Jahre, gestaltet aus einem Findling. *Gestaltung: Wolf D. Schudde*

Im Bonsai-Fachhandel werden »Rohpflanzen«, d.h. nur grob vorgestaltete Pflanzen, in unterschiedlichen Altersstufen oft sehr günstig angeboten. Findlinge sammelt man, nachdem die Genehmigung der zuständigen Forstbehörde eingeholt wurde, in der Zeit zwischen dem Eintreten der Herbstfärbung und dem Anschwellen der Knospen im Frühjahr.
Im Herbst und Winter gesammelte Pflanzen werden vor Frost am sichersten durch Einsenken des Ballens in den Gartenboden geschützt.
Fertig gestaltete Hainbuchen-Bonsai findet man in Bonsai-Fachgeschäften immer häufiger.

Tierische Schädlinge

Spinnmilben lassen sich leicht an der gelblichen Sprenkelung der Blätter erkennen, die später verkümmern und abfallen. Eine Bekämpfung sollte mit einem speziellen Mittel gegen Spinnmilben erfolgen.
Die Raupen verschiedener Falter, wie der kleine und große Frostspanner und der Goldafter erkennt man unter anderem an großen Fraßstellen. Sie sollten manuell abgesammelt werden.

Pilzkrankheiten

Der Echte Mehltau bildet auch bei der Hainbuche einen grau-weißen, mehligen Belag auf der Blattoberseite. Er wird vorbeugend bekämpft durch eine Spritzung im Frühjahr während des Austriebes mit einen Fungizid gegen Echten Mehltau. Bei Befall ist eine mehrmalige Spritzung mit dem entsprechenden Mittel erforderlich. Stark befallene Blätter absammeln! Häufig treten im Laufe des Jahres braune Blattränder auf. Die Ursachen sind die gleichen, die bei der Rotbuche beschrieben sind.

Links: Hainbuche in der »Literatenform«, Höhe ca. 90 cm, Alter ca. 10 Jahre, gestaltet aus einem Findling.
Gestaltung: Manfred van Eick

Ganz links: Hainbuche im Frühjahr, Höhe ca. 80 cm, Alter ca. 25 Jahre, gestaltet aus einer Baumschulpflanze.

Edelkastanie oder Eßkastanie

(Castanea sativa)

Ganz rechts: Edelkastanien kurz nach der ersten Gestaltung, Höhe ca. 40 cm, Alter 8 Jahre, gestaltet aus einer Bonsai-Rohpflanze.

Unten: Die Früchte der Edelkastanien sind von einer stachligen Hülle umgeben. Die Blattgröße läßt sich bereits nach kurzer Zeit auf die Hälfte reduzieren.

Obwohl das natürliche Vorkommen dieses stattlichen Baumes in Mitteleuropa bis zur Römerzeit zurückzuverfolgen ist, ist sich die Fachwelt nicht einig, ob er einst von Menschen in Mitteleuropa eingebürgert wurde oder ob er sich hier auf natürlichem Wege ansiedeln konnte.
Wegen seiner langen Kulturgeschichte und seines regelmäßigen Auftretens in heimischen Mischwaldgesellschaften wird er in diesem Buch als heimischer Baum behandelt.
Die Edelkastanie ist zwar der einzige Vertreter der Gattung *Castanea* in Mitteleuropa. Sie gehört aber gemeinsam mit der Rotbuche und den Eichen zur Familie der Buchengewächse (*Fagaceae*).
Der bis zu 30 m hohe Baum trägt im Freistand auf einem kurzen, im Alter borkigen Stamm eine ungleichmäßige runde Krone.
Die breitlanzettlichen, dunkelgrünen, ledrigen, grob gezähnten Blätter treiben im Mai, werden 10–20 cm lang und färben sich im Herbst leuchtend gelb.
Die männlichen Blüten stehen zahlreich in langen Kätzchen, die weiblichen in kleinen Knäueln an der Basis der Kätzchen sitzend, die der Triebspitze am nächsten liegen. Nach der Windbestäubung entwickeln sich die mit einer stacheligen, grünen Hülle umgebenen eßbaren Kastanien oder Maronen.
Sie kommt im Südwesten Deutschlands häufig in Laubmischwaldgesellschaften vor, ist aber traditionell auch auf Dorfplätzen, in großen Höfen, in Parks oder als Alleebaum anzutreffen.

Als Bonsai

Wegen ihrer von Natur aus großen Blätter wird sie nur selten als Bonsai gehalten. Mit zunehmender Verzweigung nimmt die Blattgröße allerdings rapide ab, so daß die Proportionen nicht anders als bei der Eiche ausfallen und sie durchaus eine Sammlung heimischer Bonsai reizvoll ergänzen kann.
Die Edelkastanie mag als Bonsai einen sonnigen bis halbschattigen Standort, der auch einmal sehr heiß werden kann. Ihr derbes Blatt macht sie sehr hitzeverträglich.
Sie bevorzugt sauren Boden. Deshalb sollte sie mit Regenwasser gegossen und gut feucht gehalten werden.
Als Pflanzerde wählt man ein gut durchlässiges Substrat aus Lehmgranulat, Torf und grobem Sand im Gewichtsverhältnis von 2:1:1.
Gedüngt wird kräftig, von April bis Juni mit festem organischem Bonsai-Dünger und von Juli bis August mit einem kaliumbetonten Mineraldünger.
Um die Bereitschaft, Verzweigungen zu bilden, zu fördern, wird sie, je nach Entwicklungsstand, 2–4 Wochen nach dem Frühjahraustrieb zurückgeschnitten und bei bereits gestalteten Exemplaren nach weiteren 2 Wochen ein Blattschnitt durchgeführt.
Die Edelkastanie verträgt keinen harten Frost. Deshalb sollte sie entweder frostfrei, z. B. am Garagenfenster, überwintert werden, oder sie wird im Garten ohne Schale eingesenkt und bei einsetzendem Frost mit Laub oder Stroh abgedeckt, das bei frostfreiem Wetter wieder entfernt wird. Eine Überwinterung auf dem Balkon ist, je nach Lage und Konstruktion, nicht immer sicher genug.

Gestaltung

Ihr natürliches Wuchsverhalten macht eine Gestaltung in der »Besenform« besonders leicht.
Aber auch die aufrechte Form und die verschiedenen Mehrfachstämme sind gut möglich.
Wegen der relativ großen Blätter sollte eine Endgröße des Bonsai nicht unter 60 cm geplant werden.

Rückschnitt

Jungpflanzen schneidet man im 3. Jahr das erste Mal, wenn die Pflanze eine Höhe von mindestens zwei

Dritteln der geplanten Gesamthöhe erreicht hat. Da der erste Rückschnitt die Stammhöhe festlegt, wird die Pflanze nun auf ein Drittel der geplanten Gesamthöhe reduziert. Die nun folgenden Austriebe werden entsprechend ihrer Stellung im geplanten Astsystem mehr oder weniger stark zurückgeschnitten.
Muß mal ein kräftiger Ast entfernt werden, geschieht dies am besten im Mai mit dem Laubaustrieb. Frische Schnittstellen wachsen zu dieser Zeit besonders schnell zu.

Drahten

Gedrahtet wird im Frühjahr nach dem 1. Rückschnitt, aber auch im Laufe des Sommers.
Nur bis zu zweijährige Äste lassen sich, ohne bleibende Spuren zu riskieren, noch drahten. Ältere Äste sollten gespannt werden.

Pflanzenbeschaffung

Samen sammelt man im Oktober, bewahrt diese in feuchtem Sand im Kühlschrank auf und sät im Frühjahr aus.
Jungpflanzen, Rohpflanzen oder bereits gestaltete Bonsai werden nur selten im Bonsai-Fachhandel angeboten.

Tierische Schädlinge

Spinnmilben erkennt man an der gelblichgrünen Sprenkelung der Blätter und an den als weiße Punkte auf der Blattunterseite haftenden alten Häuten. Sie müssen mit einem Spritzmittel gegen Spinnmilben (im Fachhandel erfragen) bekämpft werden.
Blattläuse treten meist nur vereinzelt auf und können mit einem starken Wasserstrahl abgeduscht werden.

Walnuß

(Juglans regia)

Die Walnuß ist in Mitteleuropa der einzige Vertreter ihrer Gattung. Ihr erst im Alter borkig werdender kurzer Stamm trägt im Freistand eine lichte, große, runde Krone und erreicht eine Höhe zwischen 10 und 20 m.
Die gefiederten wechselständigen großen Blätter treiben im Mai mit der Blüte. Oft ist im Herbst keine Verfärbung zu beobachten, sondern nur ein schwaches Vergilben.
Während die männlichen Blüten zahlreich in kräftigen Kätzchen zusammenstehen, treten die weiblichen Blüten einzeln auf, sind einfach gebaut, grün und werden mit Hilfe des Windes bestäubt. Die Früchte, die bekannten Walnüsse, sind von einer grünen Fruchthülle umgeben und reifen im September.

Als Bonsai

Wegen ihrer enormen Blattgröße wird die Walnuß nur sehr selten als Bonsai gezogen. In einer Sammlung heimischer Bäume sollte sie aber wegen ihrer langen Geschichte als Kulturpflanze nicht fehlen.
Die Walnuß verträgt ebenso einen sonnigen wie auch einen hellen schattigen Standort. Vor starkem Wind sollte sie geschützt sein. Der erste Austrieb ist spätfrostgefährdet. Sie kann ganzjährig mit kalkhaltigem Leitungswasser gegossen werden. Als Pflanzsubstrat bevorzugt sie eine nicht zu feinkörnige Mischung aus Lehmgranulat, Sand und Torf im Verhältnis 2:1:1. Beim Wechseln der Erde nicht mehr als ein Drittel der Wurzeln entfernen. Die beste Zeit zum Umpflanzen ist Anfang April. Gedüngt werden sollte kräftig mit festem organischem Bonsai-Dünger von April bis Juli.
Sie ist nicht besonders frostfest und muß deshalb ohne Schale den Winter im Garten eingesenkt verbringen. Die Überwinterung auf dem Balkon ist je nach Lage des Balkons nicht sicher genug. Ab –5 °C muß sie noch zusätzlich abgedeckt werden.

Gestaltung

Wegen ihres großen gefiederten Blattes ist die Walnuß nur sehr schwer in Form zu halten. Welcher Stilart sie zuzurechnen ist, läßt sich manchmal erst im Winter im laublosen Zustand erkennen.
Um in die häufig chaotische Blattstellung eine gewisse Ordnung zu bekommen, können Blätter halbiert oder auch ganz entfernt werden. Auch sind erst ab einer gewissen Mindesthöhe die Proportionen einigermaßen glaubhaft.

Rechts: Walnuß im Winter, Höhe ca. 40 cm, Alter 8 Jahre, gestaltet aus einer Bonsai-Rohpflanze.

Rückschnitt

Die Walnuß treibt relativ spät im Jahr. Je nach Entwicklungsstand treiben bereits gestaltete Exemplare 10–20 cm lange Äste (junge, noch wenig verzweigte Pflanzen in relativ großen Gefäßen) oder nur sehr kurze Ästchen von ca. 5–10 cm Länge. In beiden Fällen sind die Triebe sehr kräftig, fast bleistiftdick.
Nach dem 1. Austrieb erfolgt ohne Rück- oder sogar Blattschnitt in der Bonsai-Schale meist kein weiteres Wachstum. Deshalb muß der Frühjahrstrieb spätestens 3 Wochen nach dem Erscheinen der ersten Blätter wieder auf 1–3 Blätter zurückgeschnitten werden.
Um die Seitentriebbildung zu fördern, muß auch an Zweigen, an denen kein Längenwachstum zu erkennen ist, mindestens die kräftige Endknospe entfernt werden. Zusätzlich können die gefiederten Blätter bis auf 2–4 Fieder reduziert werden. Ein erneuter Austrieb erfolgt auch bei guter Nährstoffversorgung erst nach ca. 4 Wochen.

Drahten

Wegen ihrer Dicke leisten auch junge Äste schon einigen Widerstand, soll ihre Stellung verändert werden. Deshalb muß schon bei einjährigen Ästen ein starker Draht verwendet werden. Obwohl das Dickenwachstum, sobald der Baum in eine Bonsai-Schale gesetzt wurde, nicht mehr sehr stark ist und die vorhandenen Drähte nicht so schnell einwachsen, sind Spanndrähte schonender für die Rinde, wo Druckstellen lange sichtbar bleiben.

Links: Walnuß im Frühjahr.

Pflanzenbeschaffung

Samen sammelt man im Herbst, bewahrt sie den Winter über in feuchtem Sand im Kühlschrank auf und sät im Frühjahr aus.
Zur Gestaltung geeignete Findlinge sind nur in seltenen Fällen zu erwarten und bisher nicht bekannt. Jungpflanzen werden nur selten, Rohlinge oder gar gestaltete Pflanzen kaum zum Kauf angeboten. Deshalb wird man vielerorts auf eigene Sämlinge zurückgreifen müssen.

Tierische Schädlinge

Die Spinnmilbe verursacht eine graugrüne Verfärbung der Blätter mit möglichem Blattfall. Eine Bekämpfung sollte mit einem Spritzmittel gegen Spinnmilben erfolgen (im Fachhandel erfragen).

Pilzkrankheiten

Schwarzbraune Flecken auf den Blättern zeigen die Blattfleckenkrankheit an. Die Bekämpfung erfolgt mit einem entsprechenden zugelassenen Spritzmittel.

Rotbuche

(Fagus sylvatica)

Ganz rechts: Rotbuche, Höhe ca. 70 cm, Alter ca. 20 Jahre, gestaltet aus einem Findling.
Gestaltung: Wolf D. Schudde

Unten: Rotbuche im Herbst, Höhe ca. 80 cm, gestaltet aus einer Bonsai-Rohpflanze.
Gestaltung: Wolfgang Wehrend

Dieser zwar anspruchsvolle, aber sehr konkurrenzfähige Baum gilt als das wichtigste waldbildende Gehölz Mitteleuropas und wird deshalb nicht selten auch »Mutter des Waldes« genannt.
Ihre Fähigkeit, geringe Lichtmengen noch ausnutzen zu können, gestattet es der Rotbuche, auch im dichten Laubmischwald langsam heranzuwachsen und kräftiger zu werden, um schließlich selbst alles zu überschatten. Sie selbst läßt nur sehr wenig Licht durch, so daß unter einer Buche andere Pflanzen kaum gedeihen können. Nur diejenigen Kräuter, die ihre Vegetationszeit weitestgehend wieder abgeschlossen haben, wenn die Buche im Mai ihr dichtes Laubkleid entfaltet, können unter diesem Baum bestehen.

Trotz des anderslautenden Namens trägt die Rotbuche grünes Laub.
Sie bildet allerdings auch in der Natur relativ oft eine rote Variante, die Blut-Buche (*Fagus silvatica* var. *purpurea*).
In Parks und Gärten sind einige Sorten mit abweichenden Wuchs- und Blattformen anzutreffen.
Der bis 30 m hohe Baum bildet im geschlossenen Bestand einen hohen Stamm, der eine Krone trägt, die nur ein Drittel der Gesamthöhe einnimmt. Im Freistand können die Äste der dann runden Krone fast bis zum Boden reichen.
Die silbriggraue Rinde bleibt auch bei alten Bäumen glatt.
Die einhäusige Pflanze blüht unscheinbar, wird vom Wind bestäubt und entwickelt bis zum Herbst in einem Fruchtbecher dreikantige Samen, die eßbaren Bucheckern.
Die wechselständigen, spitzeiförmigen Blätter treiben oft erst Anfang Mai aus einer auffällig langgezogenen, spitzen, zimtfarbenen Knospe und sind zunächst samtig bewimpert, oberseits dunkel grün und glatt. Später sind die Blätter allerdings fast kahl.
Die Herbstfärbung ist orangegelb bis gelb.
Das später braune Laub bleibt oft den ganzen Winter am Baum und wird erst kurz vor dem Neuaustrieb abgeworfen.
Wie die meisten Bäume lebt die Rotbuche mit Pilzen in Symbiose.

Als Bonsai

Als Bonsai bevorzugt die Rotbuche einen halbschattigen Standort, der von der Mittagssonne verschont bleibt. Auch starkem Wind sollte sie nicht ausgesetzt sein.
Da die Rotbuche salzempfindlich ist, verwendet man zum Gießen Regenwasser oder anderes salzarmes Wasser.
Steht nur Leitungswasser zur Verfügung, muß so stark gegossen werden, daß ein großer Teil des Gießwassers wieder abläuft und dadurch evtentuell bereits angereicherte Salze wieder ausgeschwemmt werden.
Je mehr Wasser der Baum benötigt, um so größer ist die Gefahr der Übersalzung des Bodens. Deshalb sollte man darauf achten, daß nicht zuviel Wasser durch Verdunstung verbraucht wird. Die Rotbuche steht also bei windigem oder heißem Wetter geschützt besser.
Gedüngt wird reichlich ab Austriebsbeginn. Der Dünger sollte einen relativ hohen Kaliumanteil enthalten. Dadurch kann die Pflanze einen besseren Verdunstungsschutz aufbauen.
Die im Sommer oft auftretenden braunen Blattränder sind ein Zeichen von Kaliummangel oder durch zu hohe Salzkonzentrationen im Boden verursacht.
Als Pflanzsubstrat kann ein Gemisch aus japanischem Lehmgranulat, Sand und Torf im Gewichtsverhältnis von 1:1:1 verwendet werden.
Die Rotbuche sollte mindestens alle 2 Jahre im Frühjahr bei gleichzeitigem Wurzelschnitt umgepflanzt werden.
Überwintert wird im Garten, indem der Ballen an schattiger Stelle ohne Schale eingegraben wird, oder auf dem Balkon in einer mit Torf und Sand gefüllten Kiste.
Während längerer Frostperioden mit Temperaturen unter –10 °C sollte die Pflanze zusätzlich mit Zweigen, Stroh oder Folie abgedeckt werden.

Gestaltung

Der natürlichen Wuchsform der Rotbuche entspricht von den japanischen Stilarten am besten die »aufrechte Form«. Aber auch die meisten anderen Stilarten sind durchaus möglich.
Findlinge oder Rohpflanzen können eine Grundgestaltung zwischen dem Anschwellen der Knospen und Ende Juli erhalten.

Rückschnitt

Sämlinge werden vor dem Austrieb im Frühjahr des 3. Jahres zum erstenmal zurückgeschnitten.
Bereits gestaltete Bäume, die frisch umgetopft wurden, werden beschnitten, sobald der 1. Austrieb sich voll entwickelt hat. Ist kein längerer Ast erforderlich, läßt man nur 1 oder 2 Blätter stehen.
Bereits eingewurzelte Pflanzen können schon beschnitten werden, bevor sich der Neuaustrieb voll entwickelt hat. Auch hier läßt man nur 1 oder 2 Blätter stehen.
Innerhalb von ca. 3 Wochen nach dem 1. Rückschnitt treibt die Rotbuche dann erneut aus. Auch dieser Austrieb kann auf 1 oder 2 Blätter zurückgenommen werden.
Da die am Baum verbliebenen Blätter nun sehr groß werden, kann, wenn der Baum gesund ist und gut gedüngt wurde, nach weiteren 2 Wochen ein Blattschnitt erfolgen. Vorsicht, ohne Laub verträgt die Rotbuche keine direkte Sonne, also bis zum nächsten Austrieb schattig aufstellen.
Meist treiben die oberen Äste besser als die unteren. Deshalb wird oben immer etwas früher geschnitten als im unteren Kronenbereich.
Auch die Winterknospen im oberen Drittel der Baumkrone sind meist kräftiger und die Verzweigung besser entwickelt als im unteren Bereich. Dies wird ausgeglichen, indem im Winter bzw. im Frühjahr vor dem 1. Austrieb das obere Kronendrittel besonders stark reduziert wird.
Starke Äste schneidet man am besten im Frühjahr kurz vor dem Austrieb und verschließt die Schnittstelle mit einem Wundverschlußmittel.

Oben: Wie in der Natur leben auch in der Bonsai-Schale die meisten Bäume mit verschiedenen Pilzen in Symbiose.

Unten: Früchte und Laub der Rotbuche.

Drahten

Das Drahten erfordert bei der Rotbuche sehr viel Fingerspitzengefühl, da die Rinde leicht verletzt wird und sehr eng anliegende Drähte leicht bleibende Spuren hinterlassen.
Im Juni erfolgt ein plötzliches Dikkenwachstum, so daß Drähte, die man nur wenige Tage aus den Augen gelassen hat, einwachsen können.
Wenn möglich werden nur die einjährigen Äste gedrahtet und die anderen Äste durch Verwendung von Spanndrähten geformt.

Pflanzenbeschaffung

Samen sammelt man im Herbst, legt diese in feuchten Sand und bewahrt sie bis zum Frühjahr im Kühlschrank auf. Dann sät man aus.
Frühestens nach 2 Jahren wird zum erstenmal geschnitten.
Sehr gute Ausgangspflanzen findet man auch auf Spaziergängen im Wald. Allerdings ist es verboten, diese mitzunehmen, es sei denn, man besorgt sich eine Genehmigung der zuständigen Forstbehörde.
Die Überlebenschance solcher sogenannter Findlinge erhöht sich, wenn sie nach dem Sammeln 1 oder 2 Jahre im Garten eingegraben verbringen können. Ein regelmäßiger grober Rückschnitt kann in dieser Zeit bereits erfolgen.
In guten Bonsai-Fachbetrieben werden Rotbuchen in großer Auswahl angeboten. Es finden sich durchgearbeitete Pflanzen, die bereits mehrere Jahre in der Schale gehalten werden und solche, die noch im Feld stehen und auf eine Gestaltung warten.

Tierische Schädlinge

An wolligen, weißen Wachsausscheidungen auf der Blattunterseite erkennt man leicht die Buchenschmierlaus (*Phyllaphis fagi*). Sie überwintert als Ei auf den Knospen und an den Ästen. Sie tritt im Frühjahr oft massenhaft auf und verursacht dann ein Zusammenrollen der Blätter. Ihre klebrigen Ausscheidungen können Rußtaupilzen als Nährboden dienen. Die Bekämpfung erfolgt mit einem Mittel gegen saugende Insekten, dem zusätzlich ein Netzmittel beigefügt wird.

Andere von der Buche lebende Kleintiere verursachen keinen oder nur geringen Schaden an der Pflanze, so daß sie entweder ignoriert werden, wie die Gallmilbe und die Buchengallmücke, oder manuell abgesammelt werden können, wie der Buchenspringrüßler (*Rhynchaenus fagi*) und die Raupe des Buchenfrostspanners (*Operophthera fagata*).
Die häufig auftretenden nekrotischen Erscheinungen (abgestorbene, braune Blattteile) können folgende Ursache haben:
Salzschaden: Blattränder werden gleichmäßig braun. Dies tritt häufig nach warmen, trockenen Tagen auf, wenn hauptsächlich Leitungs- oder Grundwasser zur Bewässerung dient. Das Phänomen kann bei Verwendung von Regenwasser vermieden werden.
Nährstoffmangel: Die Blattadern sind dunkelgrün, die Blattspreite gelblichgrün gefärbt, die Blattränder oft unregelmäßig breit braun gefärbt.
Akuten Nährstoffmangel kann man durch Blattdüngung mit einem mineralischen Volldünger oft beheben. (Siehe auch Nährstoffmangelerscheinungen).
Nährstoffmangel hat oft seine Ursache in einem ungünstigen Bodenklima, das bei falscher Wässerung entstehen kann und die Verfügbarkeit vorhandener Nährstoffe herabsetzt. Tritt trotz Düngung das beschriebene Erscheinungsbild auf, muß die Erde gewechselt werden.

Pilzkrankheiten

Die Blattspitzen werden braun. Dic sogenannte Blattbräune, die nur selten zum Absterben der befallenen Pflanze führt, verursacht der Pilz *Apiognomonia errabunda.* Die Verbreitung erfolgt über das Spritzwasser.
Eine Bekämpfung kann mit einem kupferhaltigen Fungizid vorgenommen werden.

Oben: Rotbuche in der »Windgepeitschten Form«", Höhe ca. 50 cm, Alter ca. 15 Jahre, gestaltet aus einem Findling. ***Gestaltung: Gerhard Paschke***

Unten: Rotbuche in der »Kaskadenform«, Höhe ca. 40 cm, Alter 10 Jahre, gestaltet aus einem Findling.

Esche

(Fraxinus excelsior)

Von Natur aus ist die Gattung Fraxinus in Deutschland nur durch eine Art vertreten, die Gemeine Esche (*Fraxinus excelsior*). Außerdem ist, allerdings meist angepflanzt, die natürlich in der Gegend um Innsbruck vorkommende Manna-Esche (*Fraxinus ornus*) anzutreffen. In Parks und Gärten sind auch einige Sorten dieser Arten zu finden.
Frei stehend bildet dieser stattliche Baum (bis 40m Höhe) im Alter auf einem kurzen Stamm eine mächtige runde Krone.
Die rotvioletten Blüten entwickeln sich in Büscheln noch vor dem Blattaustrieb. Sie kommen ein- und zweihäusig vor.
Vom Wind bestäubt entwickeln sich aus den Blüten in großen Büscheln stehende, geflügelte Nüßchen, die im Herbst reifen, aber erst sehr spät, manchmal erst im nächsten Frühjahr, abfallen.
Die gegenständigen, unpaarig gefiederten Blätter treiben im Mai aus einer kräftigen schwarzen Knospe und werden im Herbst ohne Herbstfärbung nach dem ersten Frost abgeworfen.

Rechts: Die Früchte der Esche hängen in dichten Büscheln.

Ganz rechts: Esche im Spätsommer, Höhe ca. 70 cm, Alter 12 Jahre, gestaltet aus einer Bonsai-Rohpflanze.

Die anfangs glatte Rinde bildet später eine rissige hellgraue Borke.
Die Esche ist überall in Mitteleuropa verbreitet und kommt auch in den Alpen bis zu einer Höhe von 1400 m vor.

Als Bonsai

Der Eschen-Bonsai mag einen hellen, sonnigen Standort, kann aber auch noch im Halbschatten gehalten werden.
Ein windexponierter Platz wird bei genügender Feuchtigkeit gut vertragen.
Das Pflanzsubstrat kann aus einer Mischung Lehm-Granulat, Sand und Torf im Gewichtsverhältnis von 3:1:1 bestehen. Aber andere Substrate sind ebenfalls möglich.
Mindestens alle 2 Jahre sollten noch zu entwickelnde junge Bäume umgepflanzt werden. Bereits gut verzweigte Exemplare können auch seltener neue Erde erhalten. Gleichzeitig kann ein Wurzelschnitt erfolgen. Wird dieser im Frühjahr durchgeführt, können bis zu drei Viertel der Wurzeln entfernt werden, so daß man schnell einen flachen Ballen erreicht.
Die Pflanze sollte ständig gut feucht gehalten werden. Auch Leitungswasser kann man zum Gießen verwenden. An heißen und windigen Tagen verbraucht die Esche große Mengen Flüssigkeit, so daß man häufig mehrmals am Tag gießen muß.
Gedüngt wird vom Austriebsbeginn bis Anfang August mit festem organischem Bonsai-Dünger (z.B.: Rapsschrotkugeln). Aber auch flüssiger Mineraldünger wird bei genauer Dosierung gut vertragen und ist bei kühler Witterung organischem Dünger vorzuziehen.
Überwintert wird im Garten an einer schattigen Stelle, wo der Wurzelballen ohne Bonsai-Schale in die Erde eingesenkt wird, oder auf dem Balkon in einer mit Torf-Sand-Gemisch gefüllten Kiste.
Nach dem Austrieb im Frühjahr ist die Esche sehr frostempfindlich und muß deshalb vor Spätfrösten geschützt werden.

Gestaltung

Von den japanischen Stilarten kommt die Besenform der natürlichen Wuchsform am nächsten. Aber auch die aufrechte Form ist gut möglich.
Da die Äste sich nur widerwillig verzweigen und immer relativ dick bleiben, erreicht die Esche nicht annähernd die feine Verzweigung einer Ulme.
Wegen ihres relativ großen gefiederten Blattes sollten die Äste in genügendem Abstand zueinander stehen. Außerdem ist eine Endhöhe über 50 cm anzustreben.
Rohpflanzen gestaltet man möglichst im belaubten Zustand von Mai bis Juli, weil in dieser Zeit größere Schnittstellen am besten zuwachsen. Auch entwickeln sich schneller Seitenknospen, die zum großen Teil im gleichen Jahr noch austreiben.

Rückschnitt

Sämlinge werden vor dem Austrieb im Frühjahr des 3. Jahres das erste Mal auf ein Drittel der geplanten Gesamthöhe des späteren Bonsai zurückgeschnitten. Von den beiden sich nun entwickelnden Trieben bildet der eine die Stammverlängerung, während der andere durch frühzeitiges Einkürzen zum 1. Seitentrieb geformt wird. Die Stammverlänge-

rung kann bei starkem Wachstum im gleichen Jahr ebenfalls ein weiteres Mal zurückgeschnitten werden.
Bei bereits gestalteten Bäumen werden vor dem 1. Austrieb im Frühjahr bei allen Ästen, die sich verzweigen sollen und bei denen kein besonderes Dickenwachstum gewünscht wird, mindestens die erste Knospe, die immer besonders kräftig ausgebildet ist, entfernt.
Wird dies nicht gemacht, treibt am betreffenden Ast nur diese Knospe, und eine Verzweigung bleibt aus.
Ein Blattschnitt kann bei gesunden Bäumen gleichzeitig mit dem 1. Rückschnitt erfolgen und fördert ebenfalls die Verzweigung.
Hat der Baum seine endgültige Höhe bereits annähernd erreicht, wird im oberen Drittel der Krone der Neuaustrieb pinziert, sobald 1–2 Blattpaare gebildet sind.
Den Austrieb im unteren Bereich läßt man eine Länge von vier bis sechs Blattpaaren erreichen und schneidet dann auf 1–2 Blattpaare zurück.
Die späteren Austriebe können dann bereits nach der Bildung des 3. Blattpaares geschnitten werden.

Drahten

Das Holz der Esche ist sehr hart. Nur einjährige Äste lassen sich noch ohne Verletzungen der Rinde drahten. Ältere Äste bringt man mit Spanndrähten in die gewünschte Richtung.

Pflanzenbeschaffung

Samen sammelt man ab August, bewahrt diese in feuchtem Sand im Kühlschrank auf und sät im Frühjahr aus. Der 1. Rückschnitt erfolgt im 3. Jahr.
Ältere bonsaigeeignete Pflanzen sind in der Natur nur selten zu finden. Jungpflanzen und vorgestaltete Rohpflanzen werden manchmal im Bonsai-Fachhandel angeboten. In seltenen Fällen findet man auch bereits gestaltete Exemplare im Angebot.

Tierische Schädlinge

Gelegentlich treten auf:
Die schleimige Larve des Eschenrüßlers (*Cionus fraxini*) verursacht Fraßschäden von der Blattunterseite aus. Die Bekämpfung erfolgt durch Entfernen der befallenen Blätter.
Der Eschenblattfloh (*Psylopsis fraxini*) verursacht zunächst eine gelbliche Färbung der Saugstellen. Die befallenen Blätter verfärben sich später dunkelbraun und rollen sich ein. Auch hier sollten die befallenen Blätter entfernt werden oder bei starkem Befall mit einem nützlingsschonenden Präparat gespritzt werden.
Die Raupe der Eschenzwieselmotte (*Prays curtisellus*) beginnt mit Fensterfraß von der Blattoberseite aus, spinnt dann Blätter zusammen, in die sie dann auch Löcher frißt. Die zweite Raupengeneration verschont auch nicht die Endknospen und Triebspitzen, in die sie im Herbst eindringt, wo sie überwintert und die sie dann im Frühjahr ausfrißt. Die Ausbreitung des Falters kann durch Entfernen der befallenen Pflanzenteile verhindert werden.
Der ca. 3 mm große bunte Eschenbastkäfer (*Hylesinus fraxini*) verursacht durch seinen Fraß in der Rinde krebsige Stellen, die sogenannten Eschenrosen. Die Bekämpfung erfolgt durch Spritzen mit einem Lindan-Präparat.
Auch ein Befall durch die Raupe des Weidenbohrers (*Cossus cossus*), einem großen Falter, ist denkbar. Die Raupe des Falters frißt sich im Sommer in den Stamm ein und überwintert in den Fraßgängen mehrere Jahre. Die Raupe wird bis zu 10 cm lang und fingerdick, wird also auch einen kräftigen Eschenbonsai von innen leicht komplett aushöhlen können. Bei frühzeitigem Entdecken des Bohrlochs, durch das eine mehlige Substanz nach außen befördert wird, kann die Raupe mechanisch mit Hilfe eines Drahtstückes entfernt werden.

Unten links: Die Eschenrose zeigt den Eschenbastkäfer an.

Unten rechts: Frostschaden am Frühjahrsaustrieb der Esche.

Ganz links: Im Herbst wird das Laub der Esche nur schwach gelb, Höhe ca. 60 cm, Alter 12 Jahre, gestaltet aus einer Bonsai-Rohpflanze.

Holzapfel

(Malus sylvestris)

Der kleine, kurzstämmige Baum trägt im Alter eine breite-ovale, oben plattgedrückte, oft auch unregelmäßige Krone.
Der spannrückige Stamm kann bei älteren Pflanzen eine in dünnen Schuppen abbröckelnde Borke ausbilden.

Die im knospigen Zustand rötlichen, später weißen Blüten entwickeln sich nach dem Laubaustrieb im Mai an Kurztrieben. Die Blütenstiele und Kelchblätter sind kahl (nicht so bei Kulturpflanzen). Nach der erfolgten Insektenbestäubung entwickeln sich, oft sehr zahlreich, kleine, bis 4 cm große Früchte, die ohne Frosteinwirkung ungenießbaren Äpfel.
Die elliptischen, am Rand gesägten Blätter sind unterseits leicht filzig. Die Herbstfärbung reicht von schmutzig gelbbraun bis leicht orange.
Im Gegensatz zum Kulturapfel bildet der Holzapfel stachelige Kurztriebe. Der Holzapfel ist aber sonst kaum von manchen Kulturformen und deren Hybriden zu unterscheiden und wird deshalb nachfolgend nur allgemein mit Apfelbaum bezeichnet.

Rechts: Apfelbaum in der »natürlichen« Wuchsform im Winter, Höhe ca. 40 cm, Alter ca. 10 Jahre, gestaltet aus einem Sämling.

Als Bonsai

Der Apfelbaum liebt als Bonsai einen sonnigen, luftigen Standort
Sein Wasserbedarf ist sehr hoch. Von allen Baumarten ist er der erste, der an heißen Tagen die jungen Triebspitzen wegen Wassermangel hängen läßt. Der Apfel zählt zu den kalkliebenden Gehölzen und kann deshalb auch mit hartem Leitungswasser gegossen werden.
Als Pflanzsubstrat kann eine Standard-Bonsai-Erde mit einem Anteil Lehm-Granulat, Sand und Torf im Verhältnis von 1:1:1 dienen. Wegen des hohen Wasserbedarfs sollte das Pflanzgefäß nicht zu klein gewählt werden, so daß genügend Wasser vom Substrat für den Tagesbedarf der Pflanze gespeichert werden kann.
Die Düngung erfolgt mit festem organischem Bonsai-Dünger, z. B. Düngekugeln, von Mai bis Mitte August.
Die Blüte muß vor Spätfrösten geschützt werden. Früchte entwickeln sich besonders zahlreich, wenn 2 Apfelbäume, die zur gleichen Zeit blühen, gehalten werden, da sich Apfelbaumblüten erfolgreich nur mit Pollen eines fremden Apfelbaumes befruchten lassen.
Je mehr Früchte sich entwickeln, um so weniger wächst der Baum.
Bei mäßigem Fruchtbehang treibt er bis zum Spätsommer nach jedem

Holzapfel

Links: Früchte bilden sich beim Apfelbaum in großer Zahl nur bei Fremdbestäubung, also bei Bestäubung mit Pollen eines zweiten Baumes. Um sicher zu gehen, wurden hier gleich zwei Bäume in eine Schale gepflanzt.

Rechts: Die Früchte können sehr attraktiv sein.

Rückschnitt neu aus, wenn er die gesamte Vegetationsperiode regelmäßig zurückgeschnitten wurde. Überwintert wird der Apfelbaum im Garten, indem der Ballen ohne Schale an schattiger Stelle eingegraben wird, oder auf dem Balkon in einer mit Torf und Sand gefüllten Kiste.

Gestaltung

Die sehr oft aus Japan importierten Apfelbäume zeigen ein sehr »knubbeliges« Erscheinungsbild: Auf einem dicken kurzen Stamm sitzen kaum verzweigte, dicke blühende oder fruchtende Äste. Diese Bäumchen haben kaum eine Ähnlichkeit mit unserem Apfelbaum in der Natur. Auch wenn es bisher kaum probiert wurde, lassen sich Apfelbäume ähnlich wie andere Gehölze in die ganz normale Besenform oder in die aufrechte Form ziehen.
Die beste Zeit zur Gestaltung einer Rohpflanze liegt zwischen dem Anschwellen der Knospen im Frühjahr und Ende Juni.

Rückschnitt

Der Rückschnitt kann je nach Alter des Baumes ab einer Trieblänge von 5–10 cm erfolgen. Mindestens ein Blatt sollte stehenbleiben, um ein Austreiben der Kurztriebe, die in der Regel Blütentriebe sind, zu verhindern. Nach einem starken Rückschnitt im Sommer kommt es trotzdem gelegentlich vor, daß der Baum die eigentlich fürs nächste Jahr vorgesehenen Blüten schon austreibt, so daß dann fast reife Früchte und frische Blüten am selben Baum sitzen. Ältere Aste schneidet man im Frühjahr mit dem Neuaustrieb, da dann die Schnittstelle am besten schließt.

Drahten

Apfelbäume lassen sich leicht drahten. Allerdings lassen sich nur die einjährigen Äste noch ohne Probleme in die gewünschte Richtung biegen. Stärkere Äste formt man deshalb am besten mit Spanndrähten.

Pflanzenbeschaffung

Samen sammelt man im Herbst, befreit sie vom Fruchtfleisch und bewahrt sie den Winter über in feuchtem Sand im Kühlschrank auf. Im Frühjahr wird dann ausgesät.
Holzäpfel werden im Handel nur sehr selten angeboten. Deshalb werden die in Pflege befindlichen Exemplare Findlinge sein.
Allerdings sind viele Apfelsorten mit unterschiedlicher Blatt- und Fruchtfarbe und mit verschieden großen Früchten im Bonsai-Fachhandel zu finden.

Tierische Schädlinge

Die Obstbaumspinnmilbe (*Panonychus ulmi*) verursacht nach anfänglich gelblicher Sprenkelung eine grünbraune Verfärbung der Blätter, die bei starkem Befall später abfallen. Sie hat im Juli und August ihre größte Populationsdichte, so daß sie oft erst dann erkannt wird. Eine Bekämpfung mit Raubmilben ergibt keine befriedigenden Ergebnisse, deshalb muß auf Spritzmittel zurückgegriffen werden. Ein Spritzung mit Winteröl vor dem Austrieb reduziert die Winterstadien meist erfolgreich bis zum Sommer. Dann ist eine dauerhafte Bekämpfung meist nur mit Gift zu erreichen. Welches Mittel zu verwenden ist, erfragen Sie bitte im Fachhandel, da sich die Liste der erlaubten Mittel laufend ändert.
Die gelbgrünen Larven des Apfelblattsaugers (*Psylla mali*), die durch ihr Saugen an den jungen grünen Pflanzenteilen kräuselige Blätter und deren Abfallen verursachen, können bei schwachem Befall mit einem harten Wasserstrahl entfernt werden. In hartnäckigen Fällen kann auch ein nützlingsschonendes Spritzmittel verwendet werden.
Die Grüne Apfelblattlaus (*Aphis pomi*) saugt oft massenhaft an jungen Trieben, die verkümmern und später auch absterben. Die Bekämpfung ist durch einen starken Rückschnitt und anschließendes Abspülen mit einem harten Wasserstrahl möglich. Die Verwendung eines nützlingsschonenden Spritzmittels kann zusätzlich angebracht sein.
Die Blutlaus (*Eriosoma lanigerum*) saugt an holzigen Teilen des Baumes und verursacht dort krebsartige Geschwülste. Sie ist leicht an ihrer wollig-weißen Wachsausscheidung zu erkennen. Zerdrückt man die darunter sitzenden Tiere, erhält man ein blutrotes Mus, woher die Laus ihren Namen hat. Sie überwintert im Wurzelbereich und saugt dort in milden Wintern weiter und läßt stark wulstige Wurzelansätze entstehen. Die Bekämpfung muß mit einem Spritzmittel gegen Läuse erfolgen. Oft ist eine mehrmalige Behandlung, mit starkem Spritzdruck, auch im Wurzelbereich notwendig. Sind Blutläuse einmal aufgetreten, muß der Bonsai

regelmäßig, auch noch im nächsten Jahr, kontrolliert werden.
Einige, oft hübsche metallischgrüne Rüsselkäfer fressen Buchten und Löcher in die Blätter und verschonen meist auch die Knospen nicht. Die Larven leben im Boden von den Wurzeln. Der Befall kann in den meisten Fällen durch Absammeln der Käfer und gelegentliche Kontrolle der Wurzelballen in Grenzen gehalten werden. Bei starkem Befall kann auch Gift gegen Insekten verwendet werden. Bitte im Fachhandel Auskunft einholen.
Die Larven der kleinen Schlangenminiermotte (*Lyonetia clerkella*) fressen unregelmäßige sich gelblich über das Blatt schlängelnde, von außen leicht erkennbare Gänge. Die Bekämpfung kann durch das Absammeln und Vernichten der befallenen Blätter erfolgen.
Die Raupen der Apfelbaumgespinstmotte fallen durch das Gespinst, in dessen Schutz sie zu mehreren bis vielen Exemplaren am Baum fressen, leicht auf. Sie können in kurzer Zeit einen Bonsai komplett kahl fressen. Ihre Bekämpfung ist leicht durch das Absammeln der Raupen mitsamt ihrem Gespinst möglich.

Pilzkrankheiten

Der Apfelschorf verursacht anfangs olivgrüne, später braune Blattflecken, die sich dann vergrößern und zum Abwurf des Blattes führen. Die Überwinterung des Pilzes erfolgt im abgeworfenen Laub. Er wird durch Entfernen des alten Laubes und durch mehrmaliges Spritzen des Neuaustriebes mit einem Mittel gegen Apfelschorf bekämpft. Bitte den Fachhandel befragen.
Obstbaumkrebs ist im Anfangsstadium an schwarzen Rindenflecken zu erkennen, die sich oft langsam aber ständig vergrößern. Die befallenen Stellen schwellen später krebsartig an. Die Infektion erfolgt in der Regel über Schnittstellen. Die Bekämpfung kann im Anfangsstadium durch Entfernen der befallenen Pflanzenteile erfolgen. Im Herbst sollte dann eine Spritzung mit einem kupferhaltigen Fungizid erfolgen.
Den Apfelmehltau erkennt man leicht am weißen Belag auf jungen Trieben und Blättern. Ein Befall wird durch vorsorgliche Spritzung des Neuaustriebes mit einem Mittel gegen Echten Mehltau verhindert. Einmal aufgetreten, kann der Pilz im gleichen Jahr durch Spritzen nur in seiner Entwicklung gestoppt werden. Seine Ausbreitung kann bei schwachem Befall auch erfolgreich durch Entfernen der befallenen Blätter verhindert werden.

Bakterienkrankheiten

Der Feuerbrand zeigt sich durch plötzliches Welken und Braunwerden der Blätter junger Triebe. Diese bleiben schwarzbraun am Baum hängen. Später stirbt die ganze Pflanze ab. Der Feuerbrand ist eine meldepflichtige Seuche. Diese Bakterienerkrankung ist nur durch das Vernichten der ganzen Pflanze bekämpfbar.

Viruskrankheiten

Viruserkrankungen sind ebenfalls nur durch das Vernichten der ganzen Pflanze zu bekämpfen.
Der Apfelmosaikvirus zeigt sich durch gelbe Flecken und Linien, gefolgt vom Verbräunen und Abfallen des Blattes.
Gummiholzkrankheit zeigt sich durch herabhängende Äste und weiches, auf Druck nachgebendes Holz.
Die Rillenkrankheit verursacht an mehrjährigen Trieben Abflachung und Rillenbildung.
Viruserkrankungen sind außerdem beim Bonsai äußerst selten, da sie fast ausschließlich beim Veredeln übertragen werden und sich bereits bei jungen Pflanzen zeigen.
Obwohl es beim Apfelbaum eine große Zahl von Krankheiten gibt, ist er bei entsprechender Pflege nicht anfälliger als andere Bäume.

Links: Dieser Apfelbaum im japanischen Stil zeichnet sich durch einen besonders dicken Stamm aus.

Holzbirne

(Pyrus pyraster)

Wie der Apfelbaum zählt auch die Birne seit undenklichen Zeiten zu den wichtigen Kulturpflanzen Europas. Durch regelmäßige Verwilderung und Hybridbildung mit der Wildform ist eine Unterscheidung zwischen Wildform und verwilderten Kulturformen auch bei der Holzbirne kaum möglich. Deshalb werden diese hier als eine Art betrachtet.
Der langsam wachsende Baum entwickelt im Alter auf einem kräftigen Stamm, dessen Borke ein Muster aus Rechtecken bildet, eine aufrecht-ovale, oft auch unregelmäßige Krone und kann eine Höhe bis zu 20 m erreichen.
Die mit, manchmal auch vor dem Austrieb erscheinende Blüte ist weiß und wird durch Insekten bestäubt. Aus ihr entwickeln sich meist kleine grüne, manchmal rötliche rundliche Birnen
Die Enden der Lang- und Kurztriebe sind dornartig zugespitzt. Die eiförmig runden, wechselständigen Blätter sind oberseits dunkel- und unterseits hellgrün gefärbt, die Ränder sind sehr fein gesägt.
Die Herbstfärbung reicht von leuchtendorange bis dunkelrot.

Rechts: Blatt der Holzbirne, Ober- und Unterseite.

Ganz rechts: Holzbirne, präsentiert bei einer Ausstellung.

Als Bonsai

Die Holzbirne mag einen sonnigen bis halbschattigen, luftigen Standort. Der Wasserverbrauch ist nicht so groß wie beim Apfelbaum. Aber auch sie ist kalkliebend und kann deshalb auch mit hartem Leitungswasser gegossen werden.
Gedüngt werden sollte sie reichlich mit einem festen organischen Bonsai-Dünger von Mai bis Mitte August.
Als Pflanzsubstrat kann eine lockere grobkörnige Mischung aus Lehm-Granulat, Torf und Sand im Gewichtsverhältnis von 1:1:1 dienen. Bei jungen Pflanzen, deren Stammdicke und Verzweigung sich noch entwickeln sollen, wechselt man die Erde alle 2 Jahre. Älteren, bereits lange gestalteten Pflanzen kann man auch nur alle 3–5 Jahre neue Erde geben. Gleichzeitig wird ein Wurzelschnitt vorgenommen.
Zur Fruchtbildung benötigt auch die Birne Fremdbestäubung.
Überwintert wird im Garten durch Einsenken des Ballens an einer hellen, aber schattigen Stelle ohne Schale in die Gartenerde oder auf dem Balkon in einer mit einem Torf-Sand-Gemisch gefüllten Kiste.

Gestaltung

Die Holzbirne wird nur selten als Bonsai gehalten. Sie bildet mit zunehmender Verzweigung deutlich kleinere Blätter aus. Die wenigen sich in Pflege befindlichen Exemplare können deshalb etwas ganz besonderes in einer Bonsai-Sammlung darstellen.
Sie läßt sich leicht in alle gewünschten Stilarten ziehen.

Rückschnitt

Die Holzbirne wächst sehr langsam. Um ihr Wachstum im Laufe des Jahres in Gang zu halten, muß sie mehrmals während der Vegetationsperiode geschnitten werden. Auch hier gilt, daß jüngere Pflanzen später, etwa ab einer Trieblänge von 10 Blättern, ältere Pflanzen früher, ab einer Trieblänge von ca. 5 Blättern zurückgeschnitten werden.
Der letzte Rückschnitt erfolgt Mitte August. Der nun noch folgende erneute Austrieb wird pinziert.
Stärkere Äste werden während der Vegetationsperiode von Mai bis Juli entfernt, da in dieser Zeit größere Wunden am schnellsten verschlossen werden.

Drahten

Äste ab einem Alter von 3 Jahren sollten nicht mehr gedrahtet, sondern durch Spannen in Form gebracht werden.
Das Dickenwachstum geht nicht sehr schnell vonstatten, deshalb können im Frühjahr nicht zu eng angelegte Drähte eine ganze Vegetationsperiode am Baum bleiben.

Pflanzenbeschaffung

Früchte sammelt man im Herbst, entfernt das Fruchtfleisch und bewahrt die Samen den Winter über in feuchtem Sand im Kühlschrank auf. Im Frühjahr wird dann ausgesät.
Jungpflanzen, ebenso wie vorgestaltete Rohware oder fertig gestaltete Pflanzen werden im Handel nur sehr selten angeboten. Werden Sie doch einmal fündig, sollten Sie auf jeden Fall zugreifen.
Bonsaigeeignete Findlinge sind nur in wenigen Regionen und auch hier nur sehr selten anzutreffen.

Tierische Schädlinge

Birnenpockenmilbe (*Phytoptus pyri*) verursacht Pockenbildung an den Blättern, die anfangs rötlich, später braun bis schwarz werden. Die Bekämpfung erfolgt durch Absammeln der befallenen Blätter.
Die Larven des Birnblattflohs (*Psylla pirisuga*) und des Birnblattsaugers (Psylla piri Mats.) saugen an eingerollten jungen Blättern. Die Bekämpfung erfolgt durch Spritzung mit einem nützlingsschonenden Mittel gegen Blattläuse.
Die Larve der Mehligen Birnlaus (Sappaphis piri) verursacht ein der Länge nach eingerolltes Blatt, an dessen Unterseite die mit puderähnlichen Wachsausscheidungen bedeckten Tiere sitzen. Die befallenen Blätter können abgesammelt und vernichtet werden. Bei starkem Befall kann die Bekämpfung mit einem nützlingschonenden Spritzmittel gegen Läuse erfolgen.

Pilzkrankheiten

Der Birnenschorf zeigt sich durch anfangs olivgrüne, später dunkelbraun werdende Flecken auf den Blättern. Die Blätter fallen nach Braunfärbung ab. Die Bekämpfung erfolgt durch eine Frühjahrsspritzung mit einem Mittel gegen Birnenschorf.
Der Birnengitterrost, ein wie alle Rostpilze wirtswechselnder Pilz, verursacht orangerote Flecken auf der Blattoberseite. An gleicher Stelle unter dem Blatt entstehen orange Pusteln mit bräulichen Auswüchsen, die faserig aufbrechen. Ein Bekämpfung kann mit Spritzmitteln gegen Rostpilze erfolgen.

Bakterienkrankheiten

Feuerbrand (siehe Holzapfel).

Stieleiche und Traubeneiche

(Quercus robur/Quercus petraea)

Die Eiche genoß bei vielen Völkern früherer Zeiten große Verehrung. So war sie bei den Griechen dem Zeus, bei den Germanen dem Donar und bei den Römern dem Jupiter geweiht. Viele Fähigkeiten wurden der Eiche zugesprochen, man glaubte im raschelnden Laub die Stimmen der Götter zu hören, aus Rissen und Furchen der Rinde wurde die Zukunft vorhergesagt und unter ihren Wurzeln wurde der Wohnsitz von Kobolden vermutet. Ihre hervorragende Rolle in den Mythologien Europas wird sonst nur noch von der Linde erreicht.

In der Natur bildet die Stieleiche, wenn sie frei steht, einen kurzen, aber dicken borkigen Stamm, der eine weit ausladende Krone trägt. Die Äste sind stark geknickt, knorrig, unregelmäßig und relativ licht.

Die getrenntgeschlechtlichen Blüten der Eichen erscheinen gemeinsam mit dem Blattaustrieb. Die männlichen Blütenstände, unscheinbare grünlichgelbe Kätzchen, hängen in der Nähe der büschelig zusammensitzenden weiblichen Blüten.

Die Bestäubung übernimmt der Wind. Die Früchte (Eicheln) sitzen bei der Stieleiche zu 1–3 an einem langen Stiel (daher der Name) und bei der Traubeneiche zu mehren ungestielt direkt am Ast. Sie reifen von September bis Oktober.

Rechts: Blatt der Traubeneiche (oben), Früchte und Laub der Stieleiche (unten).

Ganz rechts: Eiche im Herbst, Höhe ca. 50 cm, Alter ca. 15 Jahre. ***Gestaltung: Hermann Pieper***

Die unregelmäßig gelappten, bei der Stieleiche kurzstieligen und bei der Traubeneiche langstieligen Blätter treiben später als bei allen anderen Bäumen. Sie sitzen wechselständig und sind bei der Stieleiche an der Blattbasis herzförmig zweilappig ausgebildet (= geöhrt).

In der Natur kommen die beiden Arten in Eichenmischwäldern vor. In Feldgehölzen und Hecken sind sie ebenfalls nicht selten.

Die Stieleiche ist auch in Auenwäldern und in Kiefern-Mischwaldgesellschaften zu Hause.

Als Bonsai

An ihren Standort stellen Eichen keine besonderen Ansprüche, nur zu dunkel sollte sie nicht stehen. Ein paar Stunden Sonne fördern ihr Wohlbefinden. Aber auch an Extremstandorten kann sie gedeihen, wie z.B. in der vollen Sonne oder auch auf einem sehr windigen Balkon.

Die Stieleiche kann durch ihre relativ hohe Salzverträglichkeit und ihre Zuneigung zu leicht kalkhaltigem Boden auch mit hartem Leitungswasser gegossen werden.

Gedüngt wird reichlich von April bis August mit festem organischem Dünger, z.B. mit Rapsschrotkugeln. Aber auch mit mineralischem Flüssigdünger wurden gute Ergebnisse erzielt.

Junge Pflanzen brauchen, um sich möglichst schnell zu entwickeln, mindestens alle 2 Jahre neue Erde. Diese kann sehr unterschiedlich zusammengesetzt sein: Die Stieleiche mag sandiges Substrat ebenso wie besonders lehmiges.

Es kann zum Beispiel ein Gemisch aus AKADAMA(jap. Lehmgranulat), Sand und Torf im Gewichtsverhältnis von 1:1:1 verwendet werden. Der beste Zeitpunkt für das Umtopfen liegt zwischen Februar und April. Eichen darf man niemals im Herbst umpflanzen. Wenn sie durch den Wurzelschnitt zuviele ihrer Speicherwurzeln verlieren, verhungern sie bis zum Frühjahr.

Nach harten Wintern zeigt sich immer wieder, daß Eichen als Bonsai sehr frostempfindlich sind. Der Wurzelballen sollte auf jeden Fall gut geschützt werden. Geschwächte Bäume (z.B. nach mehrfachem Blattschnitt) überwintert man am besten frostfrei. Allerdings sollten dann alle Blätter wegen der Gefahr einer Pilzinfektion entfernt und der Baum vorsorglich mit einem kupferhaltigen Fungizid eingesprüht werden.

Gesunde und normal entwickelte Bäume überwintert man im Garten durch Einsenken des Ballens in den Gartenboden an einer schattigen Stelle oder auf dem Balkon in einer mit Torf und Sand gefüllten Kiste.

Beginnt die Eiche im Frühjahr mit dem Austrieb, ist sie vor Spätfrösten zu schützen.

Gestaltung

Die Eiche läßt sich in alle japanischen Stilarten bringen. Von diesen gibt allerdings keine den typischen Eichenwuchs in der Natur wieder. Soll bei der Gestaltung das typische Wuchsbild der Eiche als Vorbild dienen, können die japanischen Stilarten also nur bedingt Hilfestellung geben.

Die Grundgestaltung eines Rohlings

nimmt man am besten in der Zeit zwischen Ende April und Ende Juli vor.

Rückschnitt

Sämlinge schneidet man im Frühjahr des 3. Jahres das erste Mal zurück. Die Stieleiche reagiert auf Rückschnitt sehr gut. Da die oberen Triebe die tiefer sitzenden stark im Austrieb hemmen, sollte im Frühjahr im oberen Drittel des Baumes die Verzweigung, die sich im Laufe des vergangenen Jahres gebildet hat, mindestens auf den Grad der Verzweigung der darunter liegenden Äste reduziert werden. Außerdem treibt in den meisten Fällen im Frühjahr nur die Endknospe jedes Triebes aus. Entfernt man diese vor dem Frühjahrs-Austrieb, treiben auch die Seitenknospen, so daß sich die Verzweigung insgesamt verbessert.

Bei bereits gestalteten Pflanzen, deren Stammdicke noch nicht optimal entwickelt ist, sollte der erste Austrieb im Frühjahr mindestens 20–30 cm lang werden. Jedoch spätestens 3 Wochen nach dem Austrieb kann der erste Rückschnitt erfolgen. Nach jedem Rückschnitt treibt die Stieleiche dann innerhalb von 3 Wochen wieder aus, allerdings nur bei guter Ernährung. Gerät das Wachstum trotzdem ins Stocken, kann es durch einen Blattschnitt wieder angeregt werden. Eine gut gedüngte, ältere Eiche erträgt auch 2 Blattschnitte im Jahr. Bei jedem Rückschnitt muß darauf geachtet werden, daß das Wachstum im oberen Drittel des Baumes nicht zu dominant wird. Deshalb sollten die oberen Äste immer sehr frühzeitig oder immer stärker als die unteren beschnitten werden.

Drahten

Junge Äste lassen sich leicht drahten. Ältere Äste können gut mit Spanndrähten in Form gebracht werden. Gedrahtet wird am besten mit Austriebsbeginn im Frühjahr. Im Laufe des Jahres gewachsene Äste können während der gleichen Vegetationsperiode ebenfalls schon gedrahtet werden, sobald sie verholzen.

Pflanzenbeschaffung

Die im Herbst (September/Oktober) gesammelten Samen überwintert man

Oben: Auch Eichen bilden mit Pilzen eine Lebensgemeinschaft.

Unten links: Larven der Eichenblattwespe.

Unten Mitte: Die auf der Blattunterseite saugende Eichenzwerglaus erzeugt auf der Blattoberseite deutlich gelbe Flecken.

Unten rechts: Schildläuse können junge Äste komplett bedecken.

in feuchtem Sand im Kühlschrank und sät im zeitigen Frühjahr aus. Der 1. Schnitt erfolgt im 3. Jahr.
Im Bonsai-Fachhandel sind ungestaltete Stieleichen verschiedenen Alters erhältlich. Diese bilden meist das am besten geeignete Grundmaterial für eine Bonsai-Eiche.
Der Natur sollte man nur in Ausnahmefällen Pflanzen entnehmen. Hat man die Genehmigung der zuständigen Forstbehörde bekommen, sollte man einen Eichenfindling nur im Frühjahr, ca. 4 Wochen vor dem Austrieb, ausgraben.

Tierische Schädlinge

Verschiedene Wespen verursachen an den Blättern der Eichen Zellwucherungen, sogenannte Gallen, von unterschiedlichem Erscheinungsbild. Der Befall verursacht außer einer optischen Beeinträchtigung keinen gesundheitlichen Schaden, so daß eine Bekämpfung durch das Entfernen der betroffenen Blätter ausreicht.
Die grünlichschwarzen, durchscheinenden, nacktschneckenähnlichen Larven der Eichenblattwespe verursachen sogenannten Fensterfraß an den Blättern. Die Bekämpfung kann ebenfalls durch das Entfernen der befallenen Blätter erfolgen.
Die Eichenzwerglaus (*Phylloxera coccinea*) erkennt man an gelblichen Flecken auf der Blattunter- und der Blattoberseite. Die auf der Blattunterseite lebenden gelblichgrünen Läuse verursachen Blattfall. Die Bekämpfung kann mit einem nützlingsschonenden Mittel oder einem Pyrethrum-Präparat erfolgen.
Andere Läuse treten nur selten in großer Zahl auf, so daß eine Bekämpfung unterbleiben kann.
Die Raupen des Eichenprozessionsspinners (*Thaumetopoea processionea*) hinterlassen Fraßschäden größeren Ausmaßes, sind aber leicht zu erkennen und können am Bonsai gut abgesammelt werden. Vorsicht: Die Haare der Eichenprozessionsspinner-Raupe fallen leicht ab und können auf Haut und Schleimhäuten Entzündungen auslösen.

Pilzkrankheiten

Der Eichenmehltau (*Microsphaera alphitoides*) bildet seinen weißen Belag sehr häufig auf jungen, aber auch auf alten Blättern. Die befallenen Blätter deformieren oft, und ein weiterer Zuwachs bleibt aus. Der Pilz überwintert in der Knospe und infiziert von hier im Frühjahr den jungen Austrieb.
Diese wohl häufigste Eichenkrankheit bekämpft man beim Auftreten erster weißer Flecken und vorbeugend im Frühjahr während des Austriebes durch mehrmaliges Spritzen mit Netzschwefel oder anderen Mitteln gegen Echten Mehltau.

Unten: Eiche im Herbst, Höhe ca. 90 cm, Alter ca. 30 Jahre, gestaltet aus einem Findling.

Eberesche

(Sorbus aucuparia)

Der nur selten über 12 m hohe Baum trägt meist eine runde, nicht sehr dichte Krone.
Ende April, Anfang Mai treiben die wechselständigen, unpaarig gefiederten Blätter aus einer großen, schwarzbraunen, behaarten Knospe.
Die Herbstfärbung variiert von gelb bis rot.
Die weißen, zwittrigen, in Drugdolden stehenden Blüten entwickeln sich kurz nach dem Laubaustrieb, werden mit Hilfe von Insekten bestäubt und bilden 7–9 mm große, bei Vögeln sehr beliebte, im reifen Zustand rote Beeren. Der Stamm bleibt sehr lange glatt, kann im Alter aber flachborkig aufreißen.
Die Eberesche ist in vielen Mischwaldgesellschaften anzutreffen. Sie ist aber auch in Hochmooren und in der Heide nicht selten und steigt im Gebirge bis in Höhen von 2000m.
Angepflanzt wird sie häufig als Straßenbaum und in Hecken.

Ganz rechts: Eberesche im Herbst, Höhe ca. 60 cm, Alter 12 Jahre, gestaltet aus einer Bonsai-Rohpflanze.

Unten: Eberesche im Frühjahr.

Als Bonsai

Der Ebereschen-Bonsai mag einen halbschattigen bis sonnigen Standort. Früchte entwickeln ab dem 8. Jahr an der Triebspitze der oberen Zweige.
Der Baum kann gut feucht gehalten werden. Wegen seiner Salzempfindlichkeit verwendet man am besten Regen- oder anderes salzarmes Wasser. Wassermangel wird vom Neuaustrieb frühzeitig durch schlapp herunterhängende Triebspitzen angezeigt. Bei Hitze oder starkem Wind ist der Wasserbedarf sehr groß. Kann dieser befriedigt werden, wird beides gut ertragen.
An das Pflanzsubstrat stellt die Eberesche keine besonderen Ansprüche. Sie sollte allerdings mindestens alle 2 Jahre, im Frühjahr, bei gleichzeitigem Wurzelschnitt neue Erde bekommen.
Gedüngt wird ab Austriebsbeginn bis Anfang August mit organischem Pulverdünger oder mit Düngekugeln aus Rapsschrot. Auf den Herbst bereitet man sie mit einer stickstoffarmen, kalibetonten Düngung zwischen Ende August und Anfang September vor.
Daß sie relativ häufig natürlich in den Alpen vorkommen, deutet auf eine sehr gute Frostresistenz hin. Als Bonsai sollte sie trotzdem den Winter im Garten eingesenkt oder auf dem Balkon in einer mit Torf und Sand gefüllten Kiste verbringen.

Gestaltung

Die Gestaltung der Eberesche ist nicht einfach: Oft sieht sie durch ihr relativ langes gefiedertes Blatt eher einer Palme als einem in unseren Breitengraden vorkommenden Baum ähnlich. Außerdem sind die Äste nur sehr schwer zum Verzweigen zu bewegen.
Aus diesen Gründen sollte die Pflanze auf eine Mindesthöhe von 50–60 cm angelegt sein.
Die Grundgestaltung wird bei einem Rohling in der Zeit zwischen dem Anschwellen der Knospen im Frühjahr und Ende Juli vorgenommen.

Rückschnitt

Sämlinge schneidet man frühestens nach 2 Jahren das erste Mal zurück, läßt sie dann einige Jahre im freien Feld wachsen und setzt sie alle 2–3 Jahre um. Erst wenn man der Meinung ist, der Stamm hat eine genügende Dicke erreicht, pflanzt man den Baum in eine Schale und gestaltet ihn.
Um die Entwicklung der Seitenknospen zu fördern, werden im Frühjahr vor dem Austrieb alle Endknospen entfernt und die Äste soweit eingekürzt, daß das Kronenvolumen nach dem Austrieb nicht zu groß wird.
Hierbei muß man den gefiederten und damit sehr langen Blattbau berücksichtigen.
Nur beim 1. Austrieb im Frühjahr entstehen neue Seitenäste. Da sie im Verhältnis zum vorderen Trieb jedes Hauptastes relativ langsam wachsen, werden sie im Laufe des Jahres nicht mehr zurückgeschnitten.
Die Spitzentriebe der Hauptäste wer-

den je nach Stellung im Baum bei einer Austriebslänge zwischen 10 und 20 cm um mindestens zwei Drittel zurückgenommen.
Nach jedem Rückschnitt treibt nur eine, meist die der Schnittstelle am nächsten liegende Knospe wieder aus.
Der letzte Rückschnitt erfolgt Anfang August. Später treibende Äste werden pinziert, d. h. sobald 2 oder 3 Blätter gebildet sind, wird die Triebspitze entfernt.

Drahten

Da der Neuaustrieb bei der Eberesche sehr stark nach oben wächst, kann bei der Gestaltung nur schwer auf Draht verzichtet werden. Äste im Alter von bis zu 2 Jahren lassen sich noch leicht drahten. Schonender sind allerdings auch bei der Eberesche Spanndrähte.

Pflanzenbeschaffung

Die Samen keimen am besten, wenn sie den Darm eines Vogels passiert haben. Deshalb findet man Sämlinge häufig im eigenen Garten, dort, wo Vögel einen Rastplatz haben. Meist in der Nähe des Gartenzaunes. Diese können als Ausgangspflanze verwendet werden.
Pflanzen, die bereits mehrere Jahre alt sind, kann man auch im Bonsai-Fachhandel erwerben.

Pilzkrankheiten

Der Ebereschenrost, ein zum Wacholder wirtswechselnder Pilz, zeigt sich durch anfangs gelbliche, später rötliche bis braune Flecken auf der Blattoberseite. Auf der Blattunterseite entstehen an entsprechender Stelle weißgraue Pusteln, die gelbe Sporen verbreiten. Die Bekämpfung erfolgt mit einem Fungizid gegen Rostpilze.
Als weißlicher Belag auf der Blattoberseite zeigt sich auch bei der Eberesche der Echte Mehltau und ist wie bei anderen Baumarten u. a. mit Netzschwefel zu bekämpfen. Braune Blattränder weisen auf einen zu hohen Salzgehalt im Boden hin. Durch die Verwendung von salzarmem Gießwasser, wie zum Beispiel Regenwasser, kann dies verhindert werden.

Winterlinde

(Tilia cordata)

Wie die Eiche hat auch die Linde große mythologische Bedeutung. Schon bei den alten Germanen war sie als heiliger Baum der Liebesgöttin Frigga geweiht und gilt noch heute als der Baum der Verliebten. Auch als »Gerichts-« oder »Femlinde« war sie in früheren Jahrhunderten überaus wichtig. Einige dieser Dorflinden sind heute als 1000jährige Bäume berühmt.
In der Natur entwickelt sich die Winterlinde zu einem stattlichen Baum von 10–30 m Höhe. Dem im Freistand sehr kurzen Stamm sitzt im Alter eine weit ausladende Krone auf, die durch mehrere gleichstarke Hauptäste gebildet wird, aus denen waagerechte Seitenäste entspringen. Die wechselständigen Knospen sind meist spitzeiförmig und seitlich etwas zusammengedrückt. Die Sonnenseite ist rötlichbraun, während die sonnenabgewandte Seite gelb bis olivgrün gefärbt ist.
Die relativ kleinen, herzförmigen Blätter treiben im Mai. Die Herbstfärbung ist leuchtend gelb.
Die zwittrige, gelblichweiße Blüte erscheint erst im Sommer (Ende Juni/Anfang Juli) und ist eine wichtige Bienenweide. Die Früchte, fast erbsengroße Nüßchen, sind mit einem Hochblatt versehen, das als Flugorgan dient.
Die Winterlinde kommt in der Natur in verschiedenen Laubwaldgesellschaften vor. Sie wird aber auch häufig als Alleebaum oder als Solitärgehölz in Parkanlagen oder auf öffentlichen Plätzen angepflanzt.

Als Bonsai

In der Natur mag die Winterlinde einen vollsonnige Standort. Als Bonsai sollte sie jedoch wegen ihrer Salz-

Rechts: Winterlinde im Sommer, Höhe ca. 50 cm, Alter 12 Jahre, gestaltet aus einer Bonsai-Rohpflanze.

Ganz rechts: Winterlinde im Herbst, Höhe ca. 30 cm, Alter 12 Jahre, gestaltet aus einer Jungpflanze.

Oben links: Die Blüte der Linde erscheint im Sommer.

Oben rechts: An seinen fünflappigen Keimblättern ist der Lindenkeimling zu erkennen.

Unten Mitte: Auch diese häufig auftretenden schwarzen Flecken bekämpft man wie die Blattfleckenkrankheit.

empfindlichkeit einen halbschattigen Platz erhalten. Bei voller Sonne reichern sich durch die starke Verdunstung die im Gießwasser gelösten Salze in der Erde an und hinterlassen sogenannte Salzschäden, die im geringsten Fall als braune Blattränder sichtbar werden. Hat man Regenwasser zur Verfügung, wirkt sich dies oft sehr günstig auf die Beschaffenheit der Blätter im Hochsommer aus, da dieses kaum Salze enthält. Die Linde kann gut feucht gehalten werden. Staunässe ist allerdings zu vermeiden.
Die Erde kann aus einem Drittel Torf, zwei Dritteln »Japan-Erde« und etwas Sand bestehen. Aber auch andere Mischungen werden gut vertragen. Bei jungen Pflanzen sollte man mindestens alle zwei Jahre die Erde im Frühjahr bei gleichzeitigem Wurzelschnitt wechseln.
Für eine optimale Entwicklung muß auf eine gute Nährstoffversorgung geachtet werden. Die Winterlinde sollte hauptsächlich organisch gedüngt werden, eine vorsichtige mineralische Zusatzdüngung ist dann vorteilhaft, wenn erhöhter Bedarf, z. B. während des Frühjahrsaustriebs, vorliegt oder wenn aufgrund ungünstiger Witterungsverhältnisse aus dem organischen Dünger nicht genügend Nährstoffe frei werden. Von August bis Mitte September kann die Linde mit einem kaliumbetonten, stickstoffarmen Dünger auf den Winter vorbereitet werden.
Die Überwinterung erfolgt entweder im Garten, indem der Ballen ohne Schale an schattiger Stelle in die Erde eingesenkt wird, oder auf dem Balkon in einer mit Torf und Sand gefüllten Kiste. Bei Temperaturen unter −10 °C sollte zusätzlich mit mit Folie, Laub oder Zweigen abgedeckt werden.

Gestaltung

Die Winterlinde läßt sich leicht formen, da auch ältere Äste lange biegsam bleiben. Grundsätzlich sind alle Stilarten möglich. Von den klassischen japanischen Stilarten kommt die Besenform der natürlichen Wuchsform am nächsten, aber auch die aufrechte Form wird sehr häufig bei der Gestaltung gewählt.
Die beste Zeit für die Grundgestaltung eines Rohlings liegt zwischen dem Anschwellen der Knospen im Frühjahr und Ende Juli.

Rückschnitt

Die Winterlinde ist sehr schnittverträglich. Nach jedem Rückschnitt treibt sie innerhalb von ca. 3 Wochen

wieder aus. So sind, bei entsprechender Düngung, 3–5 Austriebe im Jahr möglich. Spätestens Ende August stellt man den Rückschnitt ein bzw. pinziert weitere Austriebe, damit die Pflanze rechtzeitig vor dem Winter das Wachstum einstellt.
Größere Äste sollten im Frühjahr oder während der Vegetationsperiode entfernt werden, weil in dieser Zeit die Schnittstellen besonders schnell verheilen. Allerdings müssen größere Schnittstellen gut verschlossen werden.
Auf einen Blattschnitt im Juni reagiert eine gesunde Winterlinde sehr willig. Hierdurch können die Blattgröße sowie die Verzweigung deutlich verbessert werden.

Drahten

Soll der Baum mit Hilfe von Draht in Form gebracht werden, ist ebenfalls die Vegetationsperiode die beste Zeit, den Draht anzulegen. Dies muß sehr vorsichtig geschehen, da die Rinde empfindlich ist und Verletzungen noch lange sichtbar bleiben. Oft lassen sich auch ältere Zweige noch gut drahten. Besonders dicke Äste können schonender mit Spanndrähten in Form gebracht werden.

Im Frühjahr angelegte Drähte werden im Juni zu eng und müssen entfernt und gegebenenfalls erneuert werden.

Pflanzenbeschaffung

Samen sammelt man Ende September/Anfang Oktober und bewahrt diese den Winter über in feuchtem Sand im Kühlschrank auf und sät sie im Frühjahr aus. Oft keimen sie allerdings erst im 2. Jahr.
Viel Zeit kann man sparen, wenn statt eines Samenkorns eine Jungpflanze als Ausgangsstadium für den zukünftigen Bonsai gewählt wird.
Brauchbare Jungpflanzen zwischen zwei und fünf Jahren findet man nur in Bonsai-Fachbetrieben. Linden werden zwar auch in normalen Baumschulen angeboten, sind aber wegen ihres hohen Stammes für die Bonsai-Gestaltung ungeeignet. Auch in der Natur sind brauchbare Ausgangspflanzen sehr selten.

Tierische Schädlinge

Die Lindenspinnmilbe (*Eotetranychus telarius*) ist an der schmutzig-braunen Verfärbung der Blätter mit anschließenden Blattwurf zu erkennen. Da sie die Gesundheit der Pflanze durch massenhaftes Auftreten nachhaltig beeinträchtigt, muß eine Bekämpfung mit einem speziellen Mittel gegen Spinnmilben erfolgen.
Da die Überwinterung der Spinnmilben auf dem abgeworfenen Laub und in der oberen Bodenschicht erfolgt, entfernt man vorbeugend im Herbst alles Laub und erneuert bei regelmäßigem Auftreten jedes Frühjahr den größten Teil des Pflanzsubstrates.
Die nacktschneckenähnlichen Larven der kleinen Lindenblattwespe fressen Fenster in den unteren Teil des Blattes und lassen die obere Zellschicht stehen, die braun wird. Die Bekämpfung kann durch Absammeln der befallenen Blätter erfolgen.

Pilzkrankheiten

Anfangs gelbe und später braun werdende Flecken auch auf jungen Blättern kennzeichnen die Blattfleckenkrankheit der Linde. Sie wird durch Spritzwasser verbreitet.
Der Pilz kann mit einem Mittel gegen Blattfleckenkrankheit im Frühjahr beim Austrieb vorbeugend bekämpft werden.
Die Rindenfleckenkrankheit erkennt man an anfangs rötlichen, später schwarzen Rindenstellen. Der Pilz kann das Absterben ganzer Äste verursachen und muß deshalb mit einem Fungizid mehrmals behandelt werden.

Links: Winterlinde im Winter.

Feldulme

(Ulmus carpinifolia)

Dieser sehr schöne Baum wird bei uns immer seltener. Das »Ulmensterben«, eine von einen Pilz hervorgerufene Krankheit, die durch den Ulmen-Splintkäfer übertragen wird, hat die einheimischen Ulmen seit Jahren stark dezimiert.
Als Bonsai ist die Feldulme normalerweise nicht gefährdet. Ein guter Grund, diesen Baum häufiger als Bonsai zu halten.
In der Natur findet man gebietsweise die Feldulme hauptsächlich strauchförmig oder als relativ kleinen Baum. Das liegt wohl hauptsächlich daran, daß die älteren Bäume abgestorben sind.
Die Feldulme kann mehrere hundert Jahre alt werden und dabei eine Höhe von bis zu 30 m erreichen. Im Freistand bildet sie dann eine dicht belaubte, weitausladende, abgeflacht kugelige Krone, die von einem relativ kurzen borkigen Stamm getragen wird. Die anfangs glatte Rinde reißt zunächst in der Längsrichtung auf und zeichnet sich im Alter durch ein rechteckiges Borkenmuster aus.
Die zwittrige, unscheinbar grünliche Blüte erscheint in Büscheln von März bis April vor dem Laubaustrieb. Nach der Bestäubung (meist Windbestäubung) entwickeln sich breitgeflügelte, runde Nüßchen, die schon im Mai reifen, vom Wind verbreitet werden und noch im selben Sommer keimen.
Die wechselständigen, spitzeiförmigen, asymmetrischen Blätter treiben im Mai. Die Herbstfärbung ist leuchtend gelb.
Die jungen, relativ dünnen Zweige können bei der Variante *Ulmus carp.* var *suberosa* (Kork-Feldulme), kräftige Korkleisten tragen, die später abgeworfen werden. In der Natur kommt die Feldulme in Mischwäldern, in Auwäldern, aber auch an Trockenhängen vor.

Rechts: Feldulme im Winter, Höhe ca. 70 cm, Alter 12 Jahre, gestaltet aus einer Bonsai-Rohpflanze.

Ganz rechts: Feldulme im Herbst.

Als Bonsai

Obwohl die Blätter in der Natur eine Größe von 8–10 cm erreichen, lassen sie sich beim Bonsai ohne besondere Maßnahmen auf wenig mehr als 2 cm Länge reduzieren.
Dies und seine leichte Formbarkeit, allein durch gezielten Rückschnitt, machen den Baum zu einer der für Bonsai am besten geeigneten heimischen Pflanzen.
An den Standort stellt die Feldulme keine besonderen Ansprüche. Sie entwickelt sich sowohl in der vollen Sonne als auch im Halbschatten gut. Auch windige Plätze werden gut vertragen.
Natürlich ist der Wasserbedarf in der

vollen Sonne genauso wie im Wind besonders hoch.
Da die Feldulme kalkliebend ist, kann man auch mit hartem Leitungswasser gießen. Sie kann relativ feucht gehalten werden. Allerdings ist Staunässe, wie bei den meisten Bäumen, zu vermeiden.
Als Pflanzsubstrat hat sich ein Gemisch aus Lehmgranulat (AKADAMA), Sand und Torf im Gewichtsverhältnis von 1:1:1 gut bewährt. Aber auch andere Mischungsverhältnisse werden gut vertragen.
Mindestens alle zwei Jahre sollte die Erde bei jungen wie auch bei alten Bäumen ausgewechselt werden.
Der Nährstoffbedarf ist hoch, so daß auf regelmäßige Düngung besonderer Wert gelegt werden muß. In der Hauptwachstumszeit wurden gute Erfahrungen mit organischem Pulverdünger oder mit Kugeldünger gemacht. Der Herbst kann Ende August mit einem kaliumbetonten Mineraldünger eingeläutet werden.
Überwintert wird im Garten, indem der Ballen ohne Schale in die Erde eingesenkt wird oder auf dem Balkon in einer mit Torf und Sand gefüllten Kiste.
Ab −5 °C kann mit Folie, Laub oder Tannenzweigen zusätzlich abgedeckt werden.

Gestaltung

Die Besenform kommt der natürlichen Wuchsform am nächsten. Aber auch die meisten anderen japanischen Stilarten sind möglich. Besonders reizvoll sind Doppel- und Mehrfachstämme.

Rückschnitt

Um bei bereits gestalteten Bäumen einen guten Start ins Jahr zu gewährleisten, läßt man den ersten Austrieb

im Frühjahr relativ lang werden: bei jungen Bäumen ca. 20 cm und bei älten Bäumen ca. 15 cm. Dann schneidet man stark zurück.
Der nach ca. 2 Wochen erscheinende Neuaustrieb kann dann schon ab 10 cm Länge geschnitten werden. Dadurch bleiben die äußeren Äste dünn, und die Verzweigung wird besonders fein.
Da nach jedem Rückschnitt ein Neuaustrieb erfolgt, wird ab August nur noch pinziert, damit der Baum das Wachstum einstellt. Hierzu wird, sobald ein Austrieb drei bis vier Blätter ausgebildet hat, die Triebspitze entfernt.
Ältere Äste entfernt man am besten im Frühjahr vor dem ersten Austrieb. Die Schnittstellen müssen sorgfältig mit einem Wundverschlußmittel versorgt werden.

Drahten

Meist kann bei der Feldulme auf Draht verzichtet werden, weil die Wuchsrichtung leicht durch gezielten Rückschnitt gelenkt werden kann.
Bei der Gestaltung älterer Pflanzen ist es allerdings meist nötig, die Stellung der bereits vorhandenen Äste zu verändern. Hier sind Spanndrähte vorteilhaft.
Soll trotzdem gedrahtet werden, muß man dringend darauf achten, daß der Draht rechtzeitig wieder entfernt wird. Durch Draht entstandene Narben sind auch nach vielen Jahren noch erkennbar.

Pflanzenbeschaffung

Samen sammelt man im Mai und sät sofort aus. Noch junge Pflanzen findet man relativ oft bei Spaziergängen. Sammelt man eine solche Pflanze in der Natur, sollte diese noch 2–3 Jahre im Feld oder Garten weiterkultiviert werden. Hier wird sie bereits zurückgeschnitten, aber frühesten im 3. Jahr in eine Schale gepflanzt. Dadurch erreicht man sehr schnell einen kräftigen Stamm. Die feine Verzweigung entwickelt sich dann in der Schale.
Sehr schöne Ausgangspflanzen für eine Bonsai-Gestaltung findet man in Bonsai-Fachbetrieben. Hier werden auch die unterschiedlichsten Größen- und Altersstufen angeboten.

Tierische Schädlinge

Die häufigsten Schädlinge sind verschiedene Läuse: Die Ulmenblasenlaus verursacht durch Saugen mehrere Zentimeter große, blasige Gallen an der Blattoberseite. Die Bekämpfung erfolgt durch das Herausschneiden befallener Blätter.
Die Birnenblutlaus (*Schizoneura l anuginosa*) findet man in einem schwarzen, von einer weißpudrigen Wachsschicht überzogenen Stadium in großen blasigen Gebilden, die durch die Umformung mehrer Blätter an Jungtrieben entstehen. Die Ablage des Wintereies sowie die Überwinterung erfolgt an der Ulme. Bekämpft wird auch diese Laus leicht durch das Herausschneiden befallener Stellen.
Die grüne Ulmenblattrollaus (*Schizoneura ulmi*) findet man in nach unten eingerollten Blatträndern. Die Bekämpfung mit einem nützlingsschonenden Mittel gegen saugende Insekten zeigt ausreichenden Erfolg.
Außer von Läusen wird die Feldulme auch gerne von Spinnmilben befallen. Spinnmilben sind nicht immer leicht zu erkennen, da sie sehr klein sind. Am deutlichsten sind oft kleine weiße Punkte, die alten Häute, unter den Blättern zu sehen. Spinnmilben verursachen eine unregelmäßige, melierte Blattfärbung und späteren starken Blattfall auch bei Jungtrieben. Wird die Spinnmilbe nicht bekämpft, ist das Leben der Pflanze in Gefahr.

Links: Mit dem Austreiben der ersten Blätter reifen bei der Ulme bereits die Früchte.

Ganz links: Feldulme im Frühjahr, Höhe ca. 60 cm, Alter 12 Jahre, gestaltet aus einer Bonsai-Rohpflanze.

Gemeiner Wacholder

(Juniperus communis)

Dieses sehr anpassungsfähige immergrüne Gehölz kommt als Strauch, Großstrauch und als Baum in den unterschiedlichsten Wuchsformen vor. Am augenfälligsten zeigt der Gemeine Wacholder dies in der Lüneburger Heide, wo es extrem säulenförmige neben weit ausladenden Exemplaren gibt.
Die graubraune Borke schält sich faserig vom Stamm.
Die nadelförmigen Blätter stehen zu dreizähligen Quirlen am Ast. Im Sommer ist die Oberseite mit bläulichweißen Längsstreifen versehen, die in den Alpen im Winter gelblichbraun werden, so daß man nur durch einen Blick auf die Unterseite der Nadel, die grünlich-gelb bleibt, erkennen kann, daß in der Pflanze noch Leben steckt. Im Frühjahr ändert sich die Farbe der Nadeln wieder.
Die zweihäusige Pflanze bildet die männlichen Blütenstände als kleine rundliche Kätzchen. Aus den einzeln stehenden weiblichen Blüten bilden sich nach der Windbestäubung im Herbst des 2. Jahres die blauen Wacholderbeeren.
In der Natur ist der Baum überall da anzutreffen, wo der Konkurrenzdruck durch andere Gehölze nicht zu groß ist. So ist er z. B. sehr häufig auf Heiden, aber auch in lichten Laub- und Nadelmischwäldern. Seine hochalpine Form, *Juniperus communis* var *nana*, gilt als das höchststeigende Gehölz Europas.

Als Bonsai

Der Wacholder liebt als Bonsai einen sonnigen, luftigen Standort. Äste, die ständig auf Sonne verzichten müssen, sterben ab oder verkümmern. Will man also dichte Nadel-Kissen halten, braucht er einen sonnigen Standort.
Gewässert werden kann auch ganzjährig mit Leitungswasser. Bei warmem Wetter gedeiht er in gleichmäßig gut feuchter Erde am besten. Er erträgt aber im gut durchwurzelten Zustand auch kurzzeitige Trockenheit.
Gedüngt wird bei jungen Pflanzen kräftig mit organischem Dünger. Bei älteren, schon gut entwickelten Exemplaren kann man mit Dünger sparsamer umgehen.
Der Gemeine Wacholder ist sehr winterhart. Um eine gleichmäßig feuchte Erde in der kalten Jahreszeit zu gewährleisten, sollte er jedoch besser ohne Schale im Garten eingesenkt werden.

Gestaltung

Wahrscheinlich wird man bei der Gestaltung auf Findlinge zurückgreifen, da anderes Material nicht oder nur sehr begrenzt zur Verfügung steht. Die Grundgestaltung wird am besten zwischen Anfang April und Ende August vorgenommen.
Da der Gemeine Wacholder dem japanischen Igelwacholder sehr ähnlich ist, können alte Japanische Igelwacholder-Bonsai als Gestaltungsvorbilder dienen. Die natürliche Wuchsform als Vorbild zu nehmen, scheint eher uninteressant.

Rückschnitt

Sämlinge schneidet man die ersten drei Jahre nicht.
Älteren Pflanzen wird, um dichte Kissen zu erhalten, der Neuaustrieb bei einer Länge von zwei bis drei Zentimertern auf ein Drittel durch Auszupfen der Triebspitze eingekürzt.
Soll ein Ast noch dicker werden, läßt man an diesem den Leittrieb unberührt, kürzt aber den übrigen Neuaustrieb des entsprechenden Astes ein. So erhält man neben einem stärkeren Dickenwachstum gleichzeitig ein dichtes Nadelkissen.
Größere Schnittstellen wachsen nur sehr langsam zu. Im Frühjahr entstandene und gleich versorgte Wunden schließt der Baum noch am besten.

Drahten

Besonders gut lassen sich die zweijährigen Äste drahten, da diese schon eine gewisse Stärke haben, aber noch nicht zu dick und steif sind. Da das Dickenwachstum beim Wacholder nur schwach ist und auch die Rinde nicht so empfindlich ist bzw. nach einiger Zeit abgeschält wird und Drahtnarben verschwinden, kann der Wacholder gut mit Draht geformt werden.
Starkes Biegen verträgt er am besten während der Vegetationsperiode, wenn man den Baum danach einige Tage schattig gestellt.

Pflanzenbeschaffung

Beeren sammelt man im Herbst und bewahrt die Samen den Winter über in feuchtem Sand im Kühlschrank auf. Im Frühjahr wird dann ausgesät. Auch beim Wacholder keimen viele Samen erst im 2. Jahr.
Der Wacholder läßt sich leicht durch im Sommer geschnittene Stecklinge vermehren. Die Verwendung eines Bewurzelungshormons wirkt sich vorteilhaft aus.

In Baumschulen und Bonsai-Fachgeschäften wird die Wildform nur sehr selten angeboten. Hier findet man die verschiedenen und zahlreichen Zuchtformen.
Bonsaigeeignete Findlinge sind ebenfalls sehr selten. Außerdem bereitet die sehr wenig kompakte Wurzelbildung am natürlichen Standort große Schwierigkeiten. Hat man einmal die Gelegenheit, einen Findling ausgraben zu dürfen, sollte man dies nicht ohne den Rat eines Yamadori-Spezialisten tun, dem auch die genauen Standortbedingungen zu beschreiben sind.
Die größten Überlebenschancen hat die Pflanze, wenn sie im Frühjahr vor dem Neuaustrieb gesammelt wird, im Hochgebirge direkt nach der Schneeschmelze.

Tierische Schädlinge

Grünlichgelbe Sprenkelung der Nadeln weist auch beim Wacholder auf den Befall mit Spinnmilben hin. Bei ihm verursacht die Nadelholzspinnmilbe (*Oligonychus ununguis*) später eine fahl- graugrüne Verfärbung, die zuletzt ins Rötlichbraune übergeht. Bei starkem Auftreten findet man zahlreiche Gespinstfäden an den Triebspitzen. Zur Bekämpfung muß die Pflanze mit einem Spritzmittel gegen Spinnmilben (im Fachhandel erfragen) behandelt werden.
Relativ auffällig hellgrau gefärbt ist die den Wacholder befallende Schildlaus, die sehr zahlreich auftreten und die Entwicklung des Baumes entsprechend stark hemmen kann. Die Bekämpfung ist auf Dauer nur mit einem Spritzmittel gegen saugende Insekten erfolgreich.
Der Raupe des Kiefernnadelwicklers (*Archips piceana*) bildet Gespinstnester, von wo aus die Nadeln abgefressen werden. Die Bekämpfung kann durch Absammeln und Vernichten der Raupen oder durch Entfernen und Vernichten der befallenen Pflanzenteile erfolgen.

Links: Gemeiner Wacholder, Höhe ca. 80 cm, gestaltet aus einem Findling.
Gestaltung: Werner Trachsel

Pilzkrankheiten

Durch das Verfärben einzelner junger Triebe von gelb bis hin zu braun zeigt sich eine als Zweigsterben bezeichnete Pilzerkrankung.
Die befallenen Zweige werden spröde, und auch das Absterben der Rinde ist deutlich zu erkennen.
Die Bekämpfung erfolgt durch großzügiges Zurückschneiden der befallenen Pflanzenteile und mehrmaliges Spritzen mit einem entsprechenden Fungizid (im Fachhandel erfragen).

Leuchtend orange gefärbte zungenförmige Auswüchse auf absterbenden Ästen weisen auf einen Befall von Rostpilzen hin. Zum Wacholder wechseln der Weißdornrost, der Ebereschenrost und der Birnengitterrost. Befallene Pflanzen sind für die Bonsai-Gestaltung meist unbrauchbar und sollten vernichtet werden. Bei wertvollen Exemplaren kann eine Genesung durch Ausschneiden der befallenen Pflanzenteile und Spritzung mit einem Mittel gegen Rostpilze versucht werden. Vorbeugend kann man darauf achten, daß die Pflanzen, die als Zwischenwirte dienen und eventuell als Bonsai gehalten werden, pilzfrei bleiben, da ein Befall hier leichter zu erkennen ist.

Europäische Lärche

(Larix decidua)

Die Lärche, der einzige nicht wintergrüne Nadelbaum Mitteleuropas, hat ihr natürliches Vorkommen hauptsächlich im Hochgebirge, ist aber, da sie forstwirtschaftlich genutzt wird, im Flachland ebenso häufig anzutreffen.

Der unter Normalbedingungen 25 bis 30 m hoch werdende Baum bildet eine kegelförmige Silhouette. Der Stamm zeigt im Alter eine grobborkige Rinde, die auf die älteren, meist sichelförmigen Äste übergeht. Junge Triebe sind gelbbraun gefärbt.

Die von April bis Mai treibenden Nadeln stehen zunächst in Büscheln. Aus einigen treiben später Langtriebe, an denen die Nadeln dann einzeln stehen, während bei andern das Nadelbüschel erhalten bleibt, da das Wachstum stoppt und nur ein sogenannter Kurztrieb ausgebildet wird. Diese sitzen zahlreich auf den älteren Ästen.

Die einhäusige Pflanze bildet aus rötlich gefärbten, weiblichen Blütenständen, die windbestäubt werden, die ovalen, relativ kleinen braunen, den Ästen aufsitzenden Zapfen. Diese öffnen sich im Oktober, so daß die geflügelten Samen vom Wind verbreitet werden können.

Das natürliche Verbreitungsgebiet liegt bei uns in den Hochalpen zwischen 1600 und 2000 m ü. M.

Als Bonsai

Die Lärche ist als Bonsai leicht zu halten.

Sie liebt einen sonnigen Standort, kann aber auch halbschattig stehen. Sie sollte das ganze Jahr über gleichmäßig feucht gehalten werden. Besonders heiße Tage übersteht sie nur bei guter Bodenfeuchte ohne Nadelabwurf. Herrscht kühles Wetter vor, kann sie auch kurzzeitige Trokkenheit ohne Schaden überstehen.

Als Pflanzsubstrat ist eine lockere, körnige Mischung nötig. Zum Beispiel hat sich eine Mischung aus Lehmgranulat (AKADAMA) und einem Granulat aus Lava im Verhältnis 2:1 bewährt. Aber auch andere Mischungen sind möglich, z. B. Lehm, Sand und Torf im Gewichtsverhältnis 2:2:1.

Bei jungen Pflanzen wird das Substrat alle 2 Jahre, bei älteren, bereits gut entwickelten Bonsai alle 3–5 Jahre im Frühjahr gewechselt. Gleichzeitig kann die Wurzel beschnitten werden.

Junge Pflanzen werden kräftig gedüngt, was eine schnellere Entwicklung der Stammdicke und der Verzweigung zur Folge hat. Allerdings werden dann auch die Nadeln sehr lang. Ältere, bereits gut entwickelte Bäume, die schon eine Borke gebildet haben, brauchen nur noch geringe Düngermengen. Besonders die Stickstoffgaben sollten reduziert bleiben. Das Längenwachstum der Triebe bleibt dann ebenfalls stark

Rechts: Lärchenwald mit beginnender Herbstfärbung. ***Gestaltung: Hermann Pieper***

reduziert und die Nadeln erheblich kleiner.
Die Lärche ist sehr winterhart, was ihr Vorkommen an der Baumgrenze der Alpen schon vermuten läßt. Um aber eine gleichmäßige Bodenfeuchte während des Winters besser gewährleisten zu können, sollte sie im Garten eingesenkt ohne Schale die kalte Jahreszeit verbringen.

Gestaltung

Die Lärche wird in vielen verschiedenen Stilarten gehalten. Die Natur bietet zu diesem Baum die meisten Ideen.

Auch mehrere Jahre alte Äste lassen sich oft noch leicht biegen, so daß es keine großen Schwierigkeiten bereitet, auch eine ältere Pflanze noch zu gestalten.
Die beste Zeit für die Grundgestaltung einer Rohpflanze oder eines Findlings liegt zwischen Ende April und Ende Juli.

Rückschnitt

Ist der Frühjahrs-Austrieb ca. 5 cm lang, läßt sich schon leicht die bereits jetzt angelegte nächste Knospengeneration erkennen, so daß in diesem Stadium beim Rückschnitt bereits die Richtung des nächsten Austriebes festgelegt werden kann: Die Richtung, in die die letzte am betreffenden Trieb verbliebene Knospe gerichtet ist, wird auch der Neuaustrieb einnehmen. Je länger man bis zum Rückschnitt wartet, um so kräftiger wird der Ast. Eine jüngere Pflanze läßt man also bis zu einer Trieblänge von 10–20 cm treiben, um ein kräftiges Ast-Grundgerüst zu erreichen. Schon weiter entwickelte Bäume werden früher eingekürzt.
Je nachdem, ob der Ast noch an Länge zulegen soll oder nicht, wird der Austrieb stark oder weniger stark zurückgeschnitten. Wenn die Verzweigung zu dicht wird, kann auch der gesamte Neuaustrieb bis ins alte Holz entfernt werden, was häufig in der Baumspitze der Fall sein kann.
Bei älteren Pflanzen, die in Form und Größe keine tiefgreifende Veränderung mehr erfahren sollen, kann der Neuaustrieb auch pinziert oder ausgezupft werden. Bei einer Länge von 2–3 cm wird die Triebspitze mit der Pinzette oder mit den Fingerspitzen entfernt. Durch dieses Vorgehen erreicht man besonders feine, dünne Verzweigungen im äußeren Kronenbereich der Pflanze.

Drahten

Zwar lassen sich auch ältere Äste noch leicht biegen, bei eventuell bereits vorhandener Borke sollte allerdings, um diese nicht zu beschädigen, auf Drahten verzichtet werden. Solche Äste werden gespannt.
Andere Äste können leicht mittels Draht geformt werden. Die beste Zeit hierzu ist das Frühjahr, wenn die Knospen gerade grün werden und sich öffnen wollen. In dieser Zeit sind keine Nadeln im Weg, die Äste aber schon so stark im Saft, daß ein Absterben nach starker Richtungsänderung ausgeschlossen werden kann.

Bereits sechs Wochen nach dem ersten Austrieb kann der Draht zu eng sein und muß vorsichtig erneuert werden.

Pflanzenbeschaffung

Samen sammelt man im Herbst, lagert sie trocken und sät sie im Frühjahr aus.
2–5jährige Pflanzen findet man auch in normalen Baumschulen. In Bonsai-Fachbetrieben werden diese bereits mehrfach zurückgeschnitten angeboten, so daß bei der Gestaltung meist keine größeren Schnittstellen mehr entstehen.
Bei Wanderungen in den Alpen ist man leicht versucht, die dort sehr häufig vorkommenden kleingebliebenen, sehr alten, knorrigen, oft besonders skurril gewachsenen Lärchen auszugraben und zum Bonsai zu gestalten. Solche Bäume haben, von einem Laien ausgegraben, nur sehr geringe Überlebenschancen und müssen deshalb und auch aus Naturschutzgründen an Ort und Stelle belassen werden. Auch die kleinen Lärchen in der Nähe der Baumgrenze erfüllen wichtige Aufgaben. So halten sie zum Beispiel die wenige dort oben vorkommende Erde fest und bewahren den Berg vor vorzeitiger Auswaschung und Erosion.
Trotzdem gibt es nicht selten die Gelegenheit, einen solchen Baum zu bekommen. Zum Beispiel werden sie manchmal durch eine Geröllawine entwurzelt. Durch das Einsammeln kann man solche Pflanzen retten.
Die besten Überlebenschancen haben Lärchenfindlinge, wenn sie zwischen Herbst und Frühjahr gesammelt werden.
In japanischen Legenden heißt es, daß für jeden der Natur entnommenen Baum an der gleichen Stelle eine Jungpflanze gesetzt wurde. In den Alpen hätte ein solches Vorgehen allerdings keinen Sinn, da hier eine solche Jungpflanze, die ja ihre Wurzeln nicht wie die dort gewachsene Pflanze weit in die Felsspalten getrieben haben kann, in kurzer Zeit vertrocknen würde.

Rechts: Zapfen der Lärche.

Ganz rechts: Europäische Lärche, Höhe ca. 50 cm, Alter ca. 25 Jahre, gestaltet aus einem Sämling. ***Gestaltung: Hans Kastner***

Tierische Schädlinge

Die Lärchenwollaus (*Adelges laricis*), ein relativ häufiger Schädling, ist leicht an ihrer wolligen Wachsausscheidung zu erkennen. Sie verrät sich frühzeitig auch durch die bräunliche Verfärbung der Saugstellen und das Abknicken der Nadeln und macht in ihrer Entwicklung einen Wirtswechsel über die Fichte durch.
Die Bekämpfung erfolgt entweder vorbeugend mit einem Winteröl oder bei Befall mit einem Mittel gegen saugende Insekten.
Lärchenblasenfuß, eine durch das Saugen der Larve eines kleinen dunklen Insektes (*Taeniothrips laricivorus*) verursachte Verkümmerungen mit teilweisem Absterben der Triebspitzen.
Die Bekämpfung erfolgt bei Befall mit einem Mittel gegen saugende Insekten.
Die Larve der Lärchenminiermotte (*Coleophora laricella*) leben vom Inneren der Lärchennadeln. Die Spitzen werden dann durchscheinend.
Die Bekämpfung kann leicht durch Entfernen der befallenen Stellen erfolgen.

Pilzkrankheiten

Bei der Lärchenschütte werden zunächst die älteren, an einem Trieb befindlichen Nadeln unregelmäßig braun und fallen schließlich ab. Sie kann zum Absterben der ganzen Pflanze führen.
Die Bekämpfung erfolgt durch mehrmaligen Einsatz von Netzschwefel.

Fichte

(Picea abies)

Die Fichte (*Picea abies*), auch Rotfichte genannt, die einzige heimische Vertreterin ihrer Gattung, kommt in der Natur in verschiedenen Mischwaldgesellschaften im Gebirge hauptsächlich an Nordhängen, aber auch an Rändern von Hochmooren und Flußauen vor.
Sie wird häufig zur forstwirtschaftlichen Nutzung angepflanzt.

Rechts: Fichte, Höhe ca. 90 cm, gestaltet aus einem Findling. ***Gestaltung: Walter Pall***

Es sind viele Zuchtformen bekannt, die hauptsächlich in Gärten und auf Friedhöfen angepflanzt werden.
Der im Freistand kegelförmige, deutlich zugespitzte Baum mit tiefem Astansatz bekommt im Alter eine in Schuppen abblätternde, flachborkige Rinde. Erreicht unter Normalbedingungen eine Höhe von 25 bis 40 Metern, vereinzelt sind auch höhere Bäume bekannt.
Die im Hochgebirge oft sehr tief sitzenden, bei alten Bäumen kräftigen, borkigen Äste hängen stärker herunter (von der häufigen Schneelast geformt) als bei einzeln stehenden Bäume im Tiefland.
Die im Blütenstadium am Zweig aufrecht stehenden roten Zapfen wachsen nach der Windbestäubung zu den braunen, hängenden Fichtenzapfen heran, die die geflügenden Früchte im Herbst freigeben. Die männlichen Blüten sitzen zu Kätzchen zusammen und sind anfangs rötlich, im reifen Zustand gelblich.
Der immergrüne Baum treibt im Mai. Die Nadeln sitzen einem kleinen Hökker auf und sind rund um den Zweig angeordnet. Sie kommen aber auch an manchen Ästen, vornehmlich an denen der Sonne abgewandten Seite, gescheitelt vor. Im Hochgebirge bleiben sie extrem kurz.

Als Bonsai

Als Bonsai mag die Fichte einen halbschattigen Standort, der luftig, aber vor starkem Wind geschützt sein sollte, damit Trockenschäden vermieden werden.
Die Fichte erleidet leicht Sonnenbrand, wenn sie aus dem Schatten in die Sonne gestellt oder die sonnenabgewandte Seite plötzlich in Richtung Sonne gedreht wird. Daran sollte man besonders denken, wenn man die Pflanze aus dem Winterquartier holt.

Wegen ihrer Salz-Empfindlichkeit eignet sich zum Gießen am besten Regenwasser. Steht dies nicht zur Verfügung, muß immer so stark gewässert werden, daß ein großer Teil des Gießwassers durch den Schalenboden ablaufen kann, so daß schädliche Salzanreicherungen zum Teil wieder ausgeschwemmt werden.
Die Fichte sollte man immer gut feucht halten. Um gleichzeitig Staunässe zu vermeiden, verwendet man ein gut durchlässiges Pflanzsubstrat, das mindestens alle zwei Jahre erneuert wird.
Eine Mischung aus Lehmgranulat, Sand und Torf im Gewichtsverhältnis von 2:1:1 eignet sich ebenso wie andere gut durchlässige Substrate.
Junge Pflanzen werden ab Austriebsbeginn bis September kräftig mit einem organischen Bonsai-Dünger versorgt. Ältere Fichten-Bonsai, die bereits gut entwickelt sind und auch kürzere Nadeln bilden sollen, kommen mit sehr geringen oder auch ein Jahr mal ganz ohne Düngergaben aus. Der Zuwachs und das Dickenwachstum bleiben aber dann ebenfalls reduziert.
Die Fichte ist sehr winterhart. Um eine gleichmäßige Ballenfeuchte auch in der kalten Jahreszeit zu gewährleisten, sollte sie sicherheitshalber ohne Schale im Garten eingesenkt oder in einer mit einem Torf-Sand-Gemisch gefüllten Kiste überwintert werden.
Auf Spätfröste im Frühjahr reagiert sie sehr empfindlich, so daß sie, sobald sich der erste Austrieb zu entwickeln beginnt, vor Frost geschützt werden muß.

Gestaltung

Bis auf die Besenform sind alle japanischen Stilarten möglich. Ihre natürliche Wuchsform unter optimalen Bedingungen legt eine Gestaltung in der aufrechten Form nahe.

Links: Fichte, Höhe ca. 90 cm, gestaltet aus einem Findling. ***Gestaltung: Werner Trachsel***

Rückschnitt

Ältere Äste können im Winter entfernt werden.
Bei gut ausgebildeten Ästen wird der Neuaustrieb bei einer Länge von 2–3 cm auf die Hälfte reduziert. Hierbei wird das zu entfernende Stück zwischen 2 Fingern abgedreht oder mit den Fingernägeln abgeknipst.
Bei Ästen, die kräftiger werden sollen, wird nur der Leittrieb eingekürzt.

Drahten

Da das Dickenwachstum nicht sehr schnell vor sich geht, können Fichten bei regelmäßiger Kontrolle ohne die Gefahr bleibender Spuren gut gedrahtet werden. Allerdings benötigen ältere Äste oft mehrere Jahre, bis sie in der gewünchten Position stehen bleiben. Wird der Draht in der Zwischenzeit zu eng, muß er entfernt und erneuert werden.
Um bei älteren Findlingen die Borke zu schonen, können dicke Äste auch gespannt werden.

Pflanzenbeschaffung

Samen sammelt man im Herbst und sät diese nach trockener Lagerung im Frühjahr aus.
Fichten werden in jeder Baumschule und zu Weihnachten auch an jeder Straßenecke in verschiedenen Altersstufen angeboten. In Bonsai-Fachbetrieben sind sie seltener, als Jungpflanze oft gar nicht zu finden.
Die bei Wanderungen im Hochgebirge manchmal anzutreffenden, durch widrige Lebensumstände kleingebliebenen, oft uralten Fichten sollten auf keinen Fall ausgegraben werden. Eine alte Fichte läßt sich schon unter normalen Bedingungen nur schwer umpflanzen. Um so schwieriger wird es bei diesen alten Veteranen, die

ihre Wurzeln weit verzweigt in den Felsen verankert haben und nur unter deren Verlust von ihrem angestammten Platz entfernt werden können. Auch wenn in ganz seltenen Fällen die eine oder andere Pflanze diese Prozedur überlebt haben sollte, rechtfertigt dies nicht den Tod vieler anderer.
In Fällen, in denen es die einzige Überlebenschance für die Pflanze ist, wenn sie in menschliche Obhut genommen wird (z. B. bei durch Geröllawinen freiliegende Pflanzen), erzielt man die besten »Umsiedlungs-Erfolge« zwischen September und dem Frühjahr.
Hochgebirgsfichten bilden auch als Bonsai, werden sie in der Nähe des Fundortes gepflegt, besonders kurze Nadeln aus. Werden sie in tiefere Lagen verbracht, werden die Nadeln wieder länger. Nach P. Notter bildet der Fichten-Bonsai, wird er über einer Höhe von 600 m ü. M. kultiviert, ohne besondere Maßnahmen kurze Nadeln, in tieferen Lagen dagegen längere. Man findet interessante Fichten auch außerhalb der Hochgebirge. Natürlich muß, wie bereits erwähnt, die Erlaubnis des zuständigen Forstamtes vorliegen.

Oben: Im Hochgebirge bildet die Fichte extrem kurznadelige Triebe.

Tierische Schädlinge

Die Nadelholzgespinnstmilbe ist an den gelblichgrün gesprenkelten Nadeln und den Gespinstfäden zwischen diesen zu erkennen. Die Nadeln färben sich später braun. Die Bekämpfung erfolgt mit einem Spritzmittel gegen Spinnmilben (im Fachhandel erfragen).
Das Saugen der Sitkafichtenlaus (*Liosomaphis abietinum*), ein kleines grünes Insekt mit roten Augen, führt zum Verlust der angestochenen Nadeln. Sie ist am sichersten vorbeugend durch eine Austriebsspritzung mit einem Winteröl zu bekämpfen. Bei Befall ist eine schnelle Behandlung mit einem Spritzmittel gegen die Sitkafichtenlaus notwendig.
Die Larve der Gemeinen Fichtengespinstblattwespe (*Cephaleia abietis*) frißt, geschützt durch in Zweiggabeln angelegte Gespinstnester, die älteren Fichtennadeln. Die Larven können mit dem gesamten Nest abgesammelt werden.

Die Larve des Fichtennestwicklers (*Epinotia tedella*) minieren Nadeln von der Basis aus. Sie sind leicht an ihren durch das Zusammenweben mehrerer Nadeln entstehenden Nestern zu erkennen. Bei vereinzeltem Auftreten reicht das Entfernen der befallenen Nadeln oder Triebe oft aus. Bei stärkerem Auftreten kann eine Spritzung gegen minierende Larven notwendig sein.
Die Weißwollige Fichtenstammlaus ist leicht an ihren namengebenden Wachsausscheidungen, unter denen sie saugt, zu erkennen. Da ihr Befall zum Absterben ganzer Äste führen kann, muß sie durch mehrmaliges Behandeln mit einem nützlingsschonenden Spritzmittel und Zusatz einiger Tropfen Spülmittel sofort bei Erscheinen bekämpft werden.
Ananasförmige Verdickungen der Triebspitzen werden durch verschiedene Fichtengalläuse verursacht. Diese können durch das Entfernen und Vernichten der Gallen leicht bekämpft werden.

Unten: Borke eines alten Fichten-Bonsai.

Ganz links: Fichte, Höhe ca. 40 cm, gestaltet aus einem Findling.
Gestaltung: Walter Pall

Zirbelkiefer

(Pinus cembra)

Dieser langsam wachsende Hochgebirgsbaum zeigt am natürlichen Standort eine oft sehr unregelmäßig aufgebaute, tief beastete, kegelförmige Krone.
Mit einer Länge von 5–12 cm bildet sie die längsten Nadeln unter den heimischen Kiefern. Da diese zu fünft in einer Scheide vereinigt sind, kann man die Zirbelkiefer leicht von anderen heimischen Kiefern, die alle zweinadelig sind, unterschieden. Die ebenfalls fünfnadelige aus Nordamerika stammende Weymouthskiefer (*Pinus strobus*), die relativ oft aufgeforstet wird, zeichnet sich durch dünnere zugespitzte Nadeln und geflügelte Früchte aus.
Die Nadeln der Zirbelkiefer sind meist abgestumpft.
Die anfangs silbriggraue glatte Rinde wird im Alter dunkel rotbraun und borkig.
Die Blüte erscheint erst im fortgeschrittenem Alter in Form von rötlichen Kätzchen (männlich) und violetten Zapfen (weiblich). Die Früchte, die ungeflügelten Zirbelnüsse, sind eßbar.

Unten: Im Vergleich zur Bergkiefer ist der Austrieb der Zirbelkiefer sehr dick und eine feine Verästelung deshalb nur schwer zu erreichen.

Als Bonsai

Die Zirbelkiefer sollte sonnig und nicht windgeschützt aufgestellt werden. Halbschatten verträgt sie aber auch.
Das Substrat muß gut durchlässig sein. Es kann aus einer Mischung feinem Kies, Lehmgranulat und zerstoßener Lava bestehen und sollte bei jungen Pflanzen mindestens alle 2 Jahre gewechselt werden. Wird die Erde seltener gewechselt, werden zwar die Nadeln kürzer, die Wuchsfreudigkeit läßt aber auch rapide nach.
Ihr Nährstoffbedarf ist nicht sehr groß. Kräftige Düngung verhilft zu schnellerem Wachstum, wodurch die gewünschte Form eher erreicht wird. Sie braucht keinen Winterschutz.

Gestaltung

Wegen ihrer sehr langen Nadeln und dicken Zweigen wird die Zirbelkiefer nur selten als Bonsai gehalten. Eine ausgeprägte Form läßt sich nur bei größeren Bonsai erreichen, da die Konturen bei kleineren Bäumen von den langen Nadeln stark verwischt werden.
Alle japanischen Stilarten, bis auf die Besenform, sind denkbar. Einfach zu erreichen ist die streng- oder die freiaufrechte Form.
Eine gut durchwurzelte Rohpflanze kann man das ganze Jahr über gestalten.

Drahten

Ältere Hauptäste sollten bei der 1. Gestaltung gespannt werden.
Die relativ dicken Zweige lassen sich lange biegen und leicht drahten.
Natürlich müssen die Nadeln an den Stellen, wo der Draht entlang geführt werden soll, entfernt werden.

Rückschnitt

Werden die jungen diesjährigen Äste im Juli zurückgeschnitten oder ganz entfernt, entwickeln sich neue Knospen, die im selben Jahr noch austreiben können und dann kürzere Nadeln bilden
Dickere Äste entfernt man im Winter, weil der Baum dann nicht so stark harzt.

Pflanzenbeschaffung

Samen sammelt man bei Reife, bewahrt diese trocken auf und sät im Frühjahr aus.
Brauchbare Findlinge sind selten. Bonsai-Fachbetriebe bieten diese Pflanze ebenfalls kaum an. Deshalb muß sich die Suche nach bonsaigeeignetem Pflanzenmaterial auf Baumschulen beschränken, die diesen Baum häufig, manchmal auch in unterschiedlichen Altersklassen, in ihrem Sortiment haben.

Links: Zirbelkiefer, Höhe ca. 50 cm. *Gestaltung: Walter Pall*

Bergkiefer

(Pinus mugo)

Ganz rechts: Bergkiefer, Höhe ca. 90 cm, gestaltet aus einem Findling.

Unten: Bergkiefer, Höhe ca. 90 cm. ***Gestaltung: Walter Pall***

Die Bergkiefer kommt sowohl baumförmig als auch strauchförmig vor.
Die anfangs glänzend grünliche bis violette Rinde wird im Alter graubraun bis schwarz und borkig. Die Knospen sind harzig. Die je nach Standort zwischen 2 und 5 cm langen paarigen Nadeln können bis zu 10 Jahren leben, sind nur wenig verdreht und einheitlich grün. Die meist ungestielten Zapfen bilden sich aus violetten Blütenständen, die relativ zahlreich den neuen Trieben aufsitzen.

Als Bonsai

Der Standort muß sonnig und kaum windig sein. Äste, die sich ständig im Schatten befinden, verkümmern nach und nach oder sterben sogar ab.
Bergkiefern können ständig gut feucht gehalten werden, ertragen aber auch einmal kurzzeitige Trockenheit. Zum Gießen kann man neben Regenwasser auch kalkhaltiges Leitungswasser verwenden.
An das Pflanzsubstrat werden keine besonderen Ansprüche gestellt. Es kann stark sandig bis stark lehmig sein. Grobkörniges Material fördert das Wurzelwachstum. Zum Beispiel kann eine Mischung aus AKADAMA, feinem Kies und Lavagranulat im Verhältnis von 2:1:1 verwendet werden. Das Substrat wechselt man bei bereits gestalteten Pflanzen alle drei Jahre.
Die Nadellänge wird auch über die Nährstoffversorgung gesteuert.
Je höher der Stickstoffanteil des Düngers, um so länger werden die Nadeln. Solange die Pflanze jung ist, bleibt die Nadellänge unbeachtet, weil zunächst Form, Stammdicke und Verzweigung im Vordergrund stehen. Deshalb wird ab April bis August kräftig gedüngt. Es können z. B. Rapsschrotkugeln oder anderer fester organischer Dünger verwendet werden, aber auch Mineraldünger können das ganze Jahr über gegeben werden.
Die Bergkiefer kann mit Mycorrhiza-Pilzen in Symbiose leben. Das weißlichgraue Pilzmycel ist, wenn der Ballen aus der Schale genommen wird, leicht zu erkennen. Ohne diesen Pilz ist der Baum in der Regel weniger vital und widerstandsfähig.
Bergkiefern sind sehr frostfest, sollten aber, damit im Winter eine gleichmäßige Feuchtigkeit des Bodens gewährleistet ist, im Garten ohne Schale eingesenkt werden.

Gestaltung

Die Bergkiefer läßt sich in viele Stilarten bringen. Sie zählt zu den am häufigsten gestalteten heimischen Kiefernarten. Auf Ausstellungen sind regelmäßig auch Literaten und Kaskaden zu sehen.

Drahten

Auch ältere Äste lassen sich meist noch leicht drahten, sollten allerdings trotzdem gespannt werden, wenn ihre Rinde schon borkig wird.
Die Bergkiefer kann man im Winter, aber auch während der Vegetationszeit drahten. Im Winter oder im Frühjahr angelegte Drähte können im Sommer bereits zu eng sein und, wenn sie nicht vorher entfernt werden, bis zum Herbst einwachsen.

Der Rückschnitt

Bäume, die nicht frisch gesammelt wurden, gesund und gut durchwurzelt sind, kann man bei der 1. Gestaltung im Sommer bis ins alte Holz zurückschneiden, wenn am verbleibenden Aststück noch grüne Nadeln sitzen. Solche Äste harzen etwas stärker als im Winter zurückgeschnittene, treiben aber nach ca. 4 Wochen zahlreiche neue Knospen nicht nur an

der Schnittstelle, sondern entlang des ganzen Astes.
Bei bereits gestalteten Bäumen schneidet man im Juli den jetzt fertig entwickelten Austrieb des Frühjahres zurück oder entfernt ihn komplett. War dieser sehr schwach, kann man auch nur die Endknospe jedes Triebes abknipsen. Nach ca. 4 Wochen bilden sich neue Knospen an der Schnittstelle und teilweise auch an besonders sonnenexponierten Stellen des Astes.
Diese treiben, bei guter Nährstoffversorgung, noch im gleichen Jahr wieder aus, bleiben kurz und entwickeln kleinere Nadeln. Starke Äste entfernt man im Winter.

Pflanzenbeschaffung

Samen sammelt man, wenn sie reif sind, bewahrt diese trocken auf und sät im Frühjahr aus.
Die Bergkiefer wird in Baumschulen und Bonsai-Fachbetrieben in vielen Sorten und Altersstufen angeboten, die allerdings meist strauchförmig wachsen. Sie können aber trotzdem auch zum Einzelbaum gestaltet werden.
Findlinge werden im Frühjahr direkt nach der Schneeschmelze vor dem Anschwellen der Knospen gesammelt. Eine Erlaubnis der zuständigen Forstbehörde ist vorher einzuholen.
Im Gegensatz zu Laubbäumen sterben Äste von Kiefern, die beim Sammeln kräftig zurückgeschnitten wurden, meist ganz ab. Deshalb werden nur Äste, die zur Gestaltung nicht benötigt werden, beim Sammeln eingekürzt und die Pflanze mindestens 1 Jahr in einem größeren Container oder im Freiland ohne Rückschnitt gepflegt. Erst dann werden die meist sehr ausladenden Äste langsam Jahr für Jahr eingekürzt, bis sich ein kompakter, gestaltungsfähiger Rohling gebildet hat.

Schwarzkiefer

(Pinus nigra)

Die Schwarzkiefer, eine weitere zweinadelige Kiefernart, zeichnet sich durch sehr kräftige, relativ lange, dunkelgrüne Nadeln, die 4–5 Jahre am Baum bleiben, und im Alter durch eine grob-borkige Rinde aus.
Die im Freistand anfangs oval-runde Krone kann sich im Alter zur Schirmform auswachsen.
Alle Pflanzenteile sind kräftiger als bei der Waldkiefer, der Austrieb bleibt in der Regel kürzer und dadurch gedrungener.
Der Blütenaufbau ähnelt dem anderer Kiefern. Die bis 2,5 cm langen männlichen Kätzchen sind goldgelb gefärbt und sitzen zu mehreren zusammen. Die weiblichen zapfenförmigen, rötlichen Blütenstände sitzen einzeln oder paarweise und werden mit Hilfe des Windes bestäubt.

Als Bonsai

Der Standort sollte möglichst sonnig gewählt werden, auch starker Wind wird vertragen. Äste, die nicht genügend Sonne bekommen, sterben ab.
Als Pflanzsubstrat kann eine Mischung aus Japan-Erde (Lehmgranulat), Torf und grobem Sand im Gewichtsverhältnis von 2:1:3 verwendet werden. Wichtig ist eine gute Wasserdurchlässigkeit. Bei in der Entwicklung befindlichen Pflanzen wird die Erde alle 2 Jahre ausgetauscht. Dies kann bereits im August erfolgen, so daß der Baum bis zum Winter neue Wurzeln gebildet hat.
Auch weil die Schwarzkiefer, ebenso wie die anderen Kiefern, mit einem Bodenpilz in Symbiose lebt, der ihr bei der Wasseraufnahme behilflich ist und ihr einige Nährstoffe besser verfügbar macht, ist auf gleichmäßige Feuchtigkeit im Boden zu achten. Bei Staunässe verschwindet der Pilz.
Zur Bewässerung kann auch hartes Leitungswasser verwendet werden.
Wenn sich die Knospen im Frühjahr strecken, beginnt man mit dem Düngen. Jüngere Bäume werden mehr gedüngt als ältere. Die Nährstoffzufuhr kann sowohl in organischer als auch mineralischer Form erfolgen.
Überwintert wird im Garten, indem man den Ballen ohne Schale an einer hellen, aber schattigen Stelle in die Erde senkt.
Auf dem Balkon kann der Ballen in eine Kiste mit Torf-Sandgemisch eingesetzt werden.

Gestaltung

Wegen ihres derben Wuchses und ihrer langen Nadeln sollte man eine Mindesthöhe von 50 cm einplanen. Alle japanischen Stilarten sind möglich.

Rückschnitt

Bei einer 1. Gestaltung im Sommer können die Äste gesunder, gut eingewurzelter und gut mit Nährstoffen versorgter Pflanzen wenn nötig soweit zurückgeschnitten werden, daß nur noch einige Nadeln am Ast verbleiben. Innerhalb weniger Wochen bilden sich zahlreiche neue Knospen am ganzen Ast.
Bereits gestalteten Bäumen entfernt man vor oder während des Anschwellens die dicken Endknospen, die sich hauptsächlich im oberen Drittel der Krone entwickelt haben. Der sich danach entwickelnde Austrieb ist kürzer, und die Bildung neuer Seitenzweige wird gefördert.
Im Juli kann dieser jetzt ausgereifte Zuwachs, je nach Stellung im Baum, ganz oder zu zwei Dritteln wieder entfernt werden. Danach entwickeln sich neue zahlreiche Knospen an den Schnittstellen und teilweise auch am alten Holz.
Diese können im gleichen Jahr noch austreiben, und wenn sie zu lang werden auch noch einmal eingekürzt werden.

Drahten

Ältere Äste lassen sich nicht mehr so leicht wie bei der Bergkiefer oder der Waldkiefer drahten. Deshalb sollten sie, um die Rinde zu schonen, gespannt werden.
Äste bis zu einem Alter von 3 Jahren können nach dem Entfernen der Nadeln leicht gedrahtet werden.
Bäume, die sich bereits längere Zeit in der Bonsai-Schale befinden, drahtet man im Winter und während der Vegetationszeit, während frisch umgepflanzte oder gesammelte Bäume das Drahten im Sommer besser vertragen. Spätestens nach einem Jahr wird der Draht wieder entfernt.

Pflanzenbeschaffung

Samen sammelt man bei Reife vom Herbst bis zum zeitigen Frühjahr, bewahrt diese trocken auf und sät im Frühjahr aus.
Zur Gestaltung geeignete Pflanzen findet man in der Baumschule nur selten. Sie werden auch nicht häufig in Bonsai-Fachbetrieben angeboten. Allerdings sind manchmal Rohlinge zu erwerben.
Findlinge sind nur in äußerst seltenen Fällen zur Bonsai-Gestaltung geeignet.

Ganz rechts: Schwarzkiefer kurz nach der ersten Gestaltung.

Waldkiefer

(Pinus sylvestris)

Dieser sehr veränderliche zweinadelige immergrüne Waldbaum bildet im Alter eine Krone mit unregelmäßiger, kegelförmiger oder schirmförmiger Silhouette. Der dunkle, tiefrissige, borkige Stamm geht bis zur Spitze durch. Die Rinde an jüngeren Teilen kann deutlich orangerot gefärbt sein und blättert in papierdünnen Schuppen ab.
Männliche Blüten erscheinen als gelbliche Kätzchen. Die Bestäubung erfolgt mit Hilfe des Windes. Aus den roten, rundlichen weiblichen Blütenständen entstehen gestielte, nach unter geknickte, kegelförmige Zapfen. Diese enthalten geflügelte Früchte, die im Herbst des 2. Jahres reifen und bald vom Wind verbreitet werden.
Die zu zweit sitzenden Nadeln werden je nach Standort 3–8 cm lang und sind im Sommer bläulichgrün bis graugrün gefärbt. Die nach innen und die nach außen gewölbte Seite zeigt jeweils einen etwas anderen Farbton. Oft sind die Nadeln von der Basis bis zur Spitze einmal gedreht.

Als Bonsai

Auch diese Kiefer braucht als Bonsai einen sonnigen Platz und kann reichlich auch mit Leitungswasser gewässert werden.
Als Pflanzsubstrat kann ein Gemisch aus Lehm-Granulat und feinem Kies im Verhältnis von 2 : 1 dienen. Andere Mischungen wurden ebenfalls erfolgreich verwendet.
Die Länge der Nadeln nimmt mit steigender Feuchtigkeit des Pflanzsubstrats und mit steigendem Nährstoffangebot zu.
Der Dünger wird entsprechend dem jeweiligen Entwicklungsstand der Pflanze dosiert.
Die Wald-Kiefer ist winterhart und braucht nicht vor Frost geschützt zu werden.

Gestaltung

Alle japanischen und anderen Stilarten sind möglich, die Besenform allerdings unüblich.
An gut eingewurzelten Findlingen oder Rohpflanzen kann eine Grundgestaltung das ganze Jahr über ausgeführt werden. Geschieht dies im Winter, muß man die Pflanze vor Frost schützen.

Rückschnitt

Die Kerzen, die bis Ende Mai länger als 3–4 cm geworden sind, entfernt man komplett. Dort, wo sie abgeknipst werden, entwickeln sich neue Knospen, die sich ihrerseits zu Kerzen und diesmal zu kürzeren Trieben entwickeln. Ab Juli, wenn sie leicht verholzt sind, können sie gemeinsam mit den bisher unberührten Trieben eingekürzt werden. An den Schnittstellen entwickeln sich bis zum Winter neue Knospen, die im nächsten Frühjahr austreiben.

Drahten

Will man eine Wald-Kiefer in Form halten, kann auf Draht nicht verzichtet werden. Mindestens alle 2 Jahre wird der Kiefern-Bonsai, bei gut eingewurzelten Pflanzen am besten im Winter, bis in die Spitzen gedrahtet und jeder Seitenast und jeder Zweig so gestellt, daß keiner den anderen verdeckt und sich dichte Kissen bilden. Rechtzeitig, bevor er einwächst, wird der Draht im Laufe des Jahres wieder entfernt.

Pflanzenbeschaffung

Samen sammelt man vom Herbst bis zum zeitigen Frühjahr. Man bewahrt sie trocken auf und sät im Frühjahr aus.
Jungpflanzen und bereits gestaltete Bonsai sind selten im Fachhandel zu bekommen. Allerdings werden Rohlinge häufiger angeboten.
Manchmal findet man günstige Ausgangspflanzen in der Natur. Vor dem Sammeln muß unbedingt die Erlaubnis der zuständigen Forstbehörde eingeholt werden.

Tierische Schädlinge

Die Kieferngallmücke (*Thecodiplosis brachyntera*) läßt einzelne Nadelpaare gelb werden. Deren Basis verschmilzt und verdickt sich blasig. In dieser Verdickung frißt und verpuppt sich die Larve der Mücke. Einzelne befallene Nadelpaare können abgezupft und vernichtet werden. Bei starkem Befall mit speziellem Spritzmittel behandeln (im Fachhandel erfragen).
Die Kiefern-Zweiglaus (*Cinara pini*), eine große, schwarze, saugende Laus, schadet hauptsächlich durch die Rußtaubildung auf ihren klebrigen Ausscheidungen. Vereinzelt auftretende Tiere können mit einem harten Wasserstrahl verjagt werden. Bei hartnäckigem, starken Befall kann ein nützlingsschonendes Spritzmittel gegen saugende Insekten angewendet werden.
Die Raupen verschiedener Kieferntriebwickler *(Rhyacionia sp.)* verursa-

chen ein Absterben oder stark verkrümmtes Wachstum der Triebspitzen durch das Ausfressen von Knospen und Jungtrieben. Befallene Triebspitzen werden entfernt und vernichtet.
Die verschiedenen Kiefernwolläuse sind leicht an ihren wolligen weißen Wachsausscheidungen zu erkennen. Sie schwächen durch ihr Saugen die Pflanze. Bei starkem Befall kann der Baum absterben. Man bekämpft sie durch mehrmaliges Spritzen mit einem nützlingsschonenden Spritzmittel gegen saugende Insekten, dem ein Netzmittel, zum Beispiel etwas Spülmittel, beigegeben wurde.

Pilzkrankheiten

Die Kiefernschütte verursacht auf den Nadeln kleine braune Flecken, die vom Herbst bis zum Frühjahr immer deutlicher werden und das Absterben der ganzen Nadel zur Folge haben. Die befallenen Nadeln fallen dann im Mai vom Baum. Die diesjährigen Triebe sind hiervon nicht betroffen. Von den abgeworfenen Nadeln erfolgt im Sommer die Neuinfektion. Bei der Bekämpfung muß dies verhindert werden. Deshalb entfernt und vernichtet man alle abgeworfenen Nadeln. Im Sommer, während der Infektionszeit, spritzt man die Pflanze mehrmals mit einem Spritzmittel gegen Kiefernschütte.
Bei einer vom Triebsterben befallenen Kiefer trocknen die Knospen ein, und von unten her beginnen die Nadeln einjähriger Triebe zu vergilben. Später kann der gesamte Baum absterben. Zur Identifikation der Krankheit und zu ihrer Bekämpfung holt man die Hilfe eines Fachmannes ein.
Der Kiefernrindenblasenrost zeigt sich durch blasige ovale gelbliche Auswölbungen, die aus der Rinde austreten. Nach ein paar Tagen platzen sie auf und die gelben Sporen werden frei. Die Blasen treten mehrere Jahre hintereinander auf, und führen zum Absterben der befallenen Triebe. Es kommt eine wirtswechselnde und eine nicht wechselnde Art vor. Die Bekämpfung erfolgt durch Abschneiden und Vernichten der befallenen Äste
Der Kieferndrehrost verursacht s-förmige Austriebe. Die Rinde reißt im Juni auf, so daß die gelben Sporenlager des Pilzes sichtbar werden. Die Erkrankung hält nur ein Jahr an, wenn nicht eine Neuinfektion erfolgt. Der Pilz ist wirtswechselnd mit Pappeln. Man bekämpft ihn durch Abschneiden und Vernichten der befallenen Pflanzenteile.

Links: Waldkiefer, Höhe ca. 20 cm, gestaltet aus einem Findling. ***Gestaltung: Walter Pall***

Eibe

(Taxus baccata)

Dieser langsam wachsende, immergrüne Nadelbaum kann bis zu 1000 Jahren alt werden und ist deshalb und auch wegen seiner kurzen Nadeln besonders für die Bonsai-Gestaltung geeignet.
Dieser Baum ist anfangs oft breiter als hoch und bildet im Alter häufig eine eher an einen Laubbaum erinnernde ovale Silhouette. Typisch ist, daß er mehrere Stämme oder mehrerer Spitzen ausbildet.
Die zweihäusige Pflanze bildet schon früh erscheinende Blüten, die männlichen sind kleine, gelben Kätzchen, die weiblichen sind einzeln, sehr klein und unscheinbar und ähneln einer normalen Triebknospe.
Die Frucht, eine rote sogenannte Scheinbeere, ist von süßem, saftigen Fruchtfleisch umgeben. Sie ist eßbar, während alle übrigen Teile der Pflanze giftig sind.
Die Nadeln sitzen einzeln, sind oben glänzend grün und unten durch die Mittelrippe in zwei mattgrüne Teile gespalten. Sie sind meist in zwei sich gegenüberliegenden Reihen angeordnet. Der Austrieb erfolgt im April und ist hell bis rötlichgrün gefärbt.

Rechts: Beerenfrucht der Eibe.

Ganz rechts: Eibe, Höhe ca. 90 cm, gestaltet aus einer Baumschulpflanze.

Der flachborkige Stamm ist dadurch, daß sich Rinde in unregelmäßigen Platten ablöst, braun bis rötlichbraun gescheckt.
Die Leitungsbahnen ziehen sich wie Muskelstränge von außen sichtbar vom Stammfuß nach oben.
In der Natur ist der Baum wenig variabel. Allerdings sind einige Zuchtformen in Parks und Gärten anzutreffen.

Als Bonsai

Der Standort kann sonnig bis schattig sein. Allerdings ist der Wasserbedarf bei ständiger Sonneneinstrahlung kaum zu decken, und der Austrieb im Schatten sehr schwach, so daß ein halbschattiger Platz den anderen Möglichkeiten vorzuziehen ist.
Starken Wind liebt die Eibe nicht, sie verträgt ihn aber kurzzeitig.
Die kalkliebende Pflanze kann mit Leitungswasser gegossen werden, wenn man darauf achtet, daß sich die hier gelösten Salze im Boden nicht anreichern. Trockenheit, auch nur kurzzeitige, wird nicht ertragen und zunächst nur mit dem Abwurf älterer Nadeln beantwortet. Bei anhaltender Ballentrockenheit jedoch stirbt in der Regel gleich der ganze Baum ab.
Das Pflanzsubstrat sollte wenig Torf enthalten. Eine Mischung aus Lehmgranulat (AKADAMA), Sand und Lavagranulat im Gewichts-Verhältnis von 3:1:1 hat sich bewährt. Aber auch andere nicht zu humusreiche, mittel- bis grobkörnige Mischungen werden gut vertragen.
Die Düngung erfolgt ab Austriebsbeginn bis August mit einem organischen festen Bonsai-Dünger.
Der Baum ist nur bedingt winterhart, muß also gut geschützt werden. Die Überwinterung erfolgt im Garten durch Einsenken des Ballens in die Erde oder auf dem Balkon in einer mit Torf-Sand gefüllten Kiste. Ab einer Temperatur unter –10° C wird der Baum zusätzlich mit Folie, Stroh oder Laub abgedeckt.

Gestaltung

Wegen ihres sehr langsamen Wachstums ist es ratsam, schon ältere Pflanzen zur Gestaltung zu verwenden. Die Gestaltungsmöglichkeiten bei der Eibe sind sehr vielfältig, da sie sehr willig im alten Holz wieder austreibt und als Rohpflanze eine dichte Benadelung in Stammnähe aufweist. So ist ein starker Rückschnitt möglich, ohne daß die Pflanze komplett kahl wird.
Die Gestaltung älterer Baumschulpflanzen wurde bereits häufig erfolgreich durchgeführt und ist sehr zu empfehlen.
Da in der Natur mehrere Spitzen ausgebildet werden, gibt keine der japanischen Stilarten die natürliche Wuchsform der Eibe wieder.

Drahten

Jüngere, bis dreijährige Äste lassen sich noch leicht drahten. Ältere Äste sollten gespannt werden. Die gewünschte Form wird vom Baum erstaunlich früh beibehalten. Ein- bis zweijährige Triebe brauchen nur eine Vegetationsperiode gedrahtet zu bleiben. Ältere gespannte Äste behalten in der Regel spätestens nach 2 Jahren ihre Form. Dadurch, daß der Neuaustrieb meist waagerecht erfolgt, muß der Baum nicht ständig nachgedrahtet werden, sondern kann häufig nur durch gezielten Rückschnitt in Form gehalten werden.

Rückschnitt

Ältere Äste kann man das ganze Jahr über entfernen. Schnittstellen wachsen nur sehr langsam zu, auch wenn sie gut verschlossen werden.

Jüngeren, noch zu entwickelnden Pflanzen läßt man an den Seitenästen den kompletten Austrieb stehen, während die Triebe, die direkt nach oben wachsen, eingekürzt werden. Diese wachsen sehr üppig, da die Eibe dazu neigt, mehrere Spitzen zu bilden.
Älteren bereits gestalteten Pflanzen reduziert man den Neuaustrieb bei einer Länge ab 5–10 cm auf ein Drittel.

Rechts: Eibe, Höhe ca. 70 cm, gestaltet aus einer Baumschulpflanze. ***Gestaltung: Gerhard Paschke***

Pflanzenbeschaffung

Die Früchte sammelt man im Sommer im roten Zustand, befreit die Samen vom Fruchtfleisch und bewahrt sie in feuchtem Sand im Kühlschrank bis zur Aussaat im Frühjahr auf.
Sämlinge findet man sehr häufig unter von Vögeln bevorzugten Sitzplätzen, z. B. in der Nähe von Gartenzäunen.
Jungpflanzen findet man ebenso wie zur Gestaltung geeignete ältere Pflanzen in vielen Baumschulen und einigen Bonsai-Fachbetrieben.
Zu Bonsai-Gestaltung geeignete Findlinge sind selten.
Bereits gestaltete Exemplare werden in den nächsten Jahren immer häufiger im Handel zu finden sein.

Tierische Schädlinge

Die Eibennapfschildlaus (*Eulecanium cornicrudum*) schwächt durch ihr Saugen die Pflanze, so daß der Austrieb nur sehr schwach bleibt. Der auf den klebrigen Ausscheidungen der Läuse wachsende Rußtau schadet dem Baum indirekt durch Lichtentzug.
Die Bekämpfung erfolgt mit einem Spritzmittel gegen Schildläuse (im Fachhandel erfragen).
Rüsselkäfer hinterlasssen buchtenförmige Fraßstellen an den Nadeln; ihre Larven fressen auch an den Wurzeln. Da sich diese Schadinsekten nur sehr langsam bewegen, sind sie schwer zu entdecken. Ein wirksames Gift sollte man im Fachhandel erfragen.
Die Knospengallmilbe (*Cecidophypsis psilaspis*) verursacht die Umbildung verschiedener Trieb- und Blütenknospen zu kleinen, einigen Millimeter großen Gallen. Die Bekämpfung erfolgt durch Entfernen und Vernichten der Gallen.

Links: Eibe, Höhe ca. 80 cm, gestaltet aus einer Baumschulpflanze.
Gestaltung: Wolf D. Schudde

Zwergbirke

(Betula nana)

Dieser bei uns seltene kleine Strauch läßt auf den ersten Blick keine Verwandschaft mit seinen weißstämmigen Schwestern vermuten. Die dunklen, weißgepunkteten Äste mit ihren rundlichen ca. 10 mm großen Blättern erinnern eher an eine Scheinbuche.
Die sommergrüne, einhäusige Pflanze treibt Blätter und Blüten oft gleichzeitig im April aus. Der Wind übernimmt die Bestäubung der in kleinen Kätzchen zusammenstehenden Blüten. Entsprechend sitzen auch die Früchte eng zusammen und bilden einen aufrecht stehenden, zapfenähnlichen Fruchtstand. Die Herbstfärbung ist leuchtend gelb. Die Zwergbirke ist eine Moorpflanze.

Als Bonsai

Die Zwergbirke verlangt als Bonsai einen sonnigen Standort. Im Schatten sterben regelmäßig Äste ab. Da sie aber keine große Hitze mag, sollte der Standort gleichzeitig luftig sein. Auf Hitze reagiert sie ähnlich wie andere Birken mit dem Abwurf der inneren Blätter.

Rechts: Fruchtstand der Zwergbirke.

Sie muß gut feucht gehalten werden, wobei, da saurer Boden erwünscht ist, zum Gießen Regenwasser verwendet werden sollte. Auch auf nur kurzzeitige Trockenheit reagiert sie mit dem Abwurf der Blätter.
Als Pflanzsubstrat kann eine Mischung aus Lehm, Sand und Torf im Gewichtsverhältnis von 1:1:2 verwendet werden.
Alle zwei Jahre werden zwei Drittel der Erde, bei gleichzeitigem Wurzelschnitt erneuert. Düngen sollte man mäßig mit organischem Kugeldünger.
Die Zwergbirke kann man ganzjährig zurückschneiden. Überwintert wird im Garten an einer hellen, aber nicht sonnigen Stelle durch das Einsenken des Ballens ohne Schale in den Gartenboden oder auf dem Balkon in einer mit Torf und Sand gefüllten Kiste.

Gestaltung

Die Natur bietet nur wenig interessante Vorbilder. Alle japanischen und sonstigen Stilarten können gestaltet werden.
Wegen des geringen Dickenwachstums sollte man die Zwergbirke einige Jahre im freien Feld halten, bis das Grundgerüst kräftig genug ist und nur noch die feine Verzweigung entwickelt werden muß.

Der Rückschnitt

Der Frühjahrsaustrieb wird bei jüngeren Pflanzen ab einer Länge von ca. 15 cm auf 2–7 Blätter, je nach angestebtem Gestaltungsziel, zurückgeschnitten.
Ältere, bereits gestaltete und auch in der Stammdicke gut entwickelte Pflanzen können auch früher zurückgeschnitten, oder nach dem Erscheinen des 3. Blattes pinziert werden.
Nach jedem Rückschnitt treibt die Zwergbirke wieder willig, oft schon nach 14 Tagen, neu aus. So sind mindestens 3 Schnitte im Jahr notwendig. Den letzten Rückschnitt nimmt man Ende Juli/Anfang August vor.
Das Wachstum wird dann auch aufgrund der mäßigen Düngergaben von selbst eingestellt.
Ältere Äste entfernt man im Frühjahr mit dem Austrieb der neuen Blätter oder auch später bis Anfang August.
Größere Schnittstellen müssen gut verschlossen werden, da sonst leicht Infektionen über die Schnittstelle zum Absterben ganzer Pflanzenteile führen können.

Drahten

Gedrahtet wird im Frühjahr während des Blattaustriebes, weil dann eventuelle Risse in den Leitungsbahnen schon repariert werden können, aber noch keine Blätter im Weg sind.
Aber auch von Mai bis Juli wird ein vorsichtiges Drahten von der Pflanze gut vertragen.
Im Winter gedrahtete Äste sterben oft im Frühjahr ab, besonders wenn Ihre Richtung stark verändert wurde.
Ohne bleibende Spuren zu hinterlassen, können nur bis zu 2 Jahre alte Äste gedrahtet werden. Diese leisten später so viel Widerstand, daß der Draht meist an einigen Stellen Druckspuren hinterläßt. Ältere Äste sollten deshalb mit Hilfe von Spanndraht in die gewünschte Stellung gebracht werden.
Wegen des reduzierten Dickenwachstums kann der Draht eine Vegetationsperiode bzw. ein ganzes Jahr am Baum verbleiben.

Links: Zwergbirke, Höhe ca. 30 cm, Alter ca. 10 Jahre, gestaltet aus einer Bonsai-Rohpflanze. *Gestaltung: Dieter Schmidt*

Pflanzenbeschaffung

Wegen ihrer Seltenheit darf die Zwergbirke in der Natur nicht behelligt werden. Auch Samen sollte man nicht sammeln.
Jungpflanzen und ältere Rohpflanzen, aber auch bereits gestaltete Jung-Bonsai sind im Bonsai-Fachhandel regelmäßig im Angebot.

Tierische Schädlinge

Im Gegensatz zu anderen Birken, wird die Zwergbirke relativ oft von Spinnmilben befallen, was an den gelblichgrün gesprenkelten Blättern zu erkennen ist. Eine Bekämpfung sollte mit einem Spritzmittel gegen Spinnmilben erfolgen. Schädlinge, die auf der Sandbirke anzutreffen sind, können auch die Zwergbirken befallen (siehe S. 65). Häufig ist der Birkenrost mit seinen gelben bis orangeroten Pusteln an der Blattunterseite.

Haselnuß

(Coryllus avellana)

Dieser oft in Hausgärten anzutreffende Strauch erreicht eine Höhe bis zu 5 m. Die graubraune Rinde bleibt auch im Alter glatt. Die jungen Triebe besitzen drüsige Haare.
Die eingeschlechtliche Blüte erscheint oft schon im Februar, weit vor dem Laubaustrieb. Die unscheinbaren kleinen knospenähnlichen weiblichen Blüten sind an den auffällig roten, aber nur wenige Millimeter großen in Büscheln hervorragenden Narben nur bei genauem Hinsehen zu erkennen. Die männlichen Blüten dagegen bilden auffällig gelbe Kätzchen. Die Bestäubung erfolgt durch den Wind. Als Früchte entstehen die bekannten eßbaren Haselnüsse. Die im April treibenden kurzstieligen Blätter sind breit herzförmig, deutlich zugespitzt und behaart. Sie färben sich im Herbst gelb bis orange.

Die Haselnuß ist sehr häufig an Waldrändern und im Unterholz anzutreffen und als Begleiter der Eiche Bestandteil vieler Laubmischwälder. Rote Formen kommen sowohl wild als auch in Gärten und Parks angepflanzt vor.

Als Bonsai

Der Standort kann sonnig bis halbschattig sein. Allerdings ist ein sonniger Platz nur bei Verwendung von salzarmem Wasser zu empfehlen, da die Haselnuß auf hohe Salzkonzentrationen, die durch die in der Sonne

Rechts: Haselnuß, Höhe ca. 60 cm, Alter ca. 10 Jahre, gestaltet aus einer Bonsai-Rohpflanze.

größere Verdunstung hier häufiger auftreten, empfindlich reagiert.
Auch an stark windigen Standorten trocknet der Baum zu häufig und zu schnell aus.
Am halbschattigen und leicht windgeschützten Standort kann auch mit hartem Leitungswasser gewässert werden.
An das Pflanzsubstrat werden keine besonderen Ansprüche gestellt, so daß eine Standardmischung verwendet werden kann.
Diese wird alle 2–3 Jahre bei gleichzeitigem Wurzelschnitt zum größten Teil erneuert.
Gedüngt wird von April bis Ende Juli mit organischem Bonsai-Dünger.
Eine gesunde Pflanze reagiert auf einen Blattschnitt schnell und willig mit dem Austrieb neuer Äste nicht nur dort, wo Blätter entfernt wurden. Allerdings ist die Blattgröße damit nicht unbedingt verringert. Die nachgewachsenen, anfangs kleinen Blätter wachsen ständig weiter. Da in dichten Kronen die Blattabstände zusätzlich noch relativ groß sind, können beim folgenden Rückschnitt in der Regel nur 1–2 Blätter stehen gelassen werden, so daß die Verzweigung auch nur langsam, hauptsächlich durch den Austrieb weiter innen liegender Knospen, zunimmt.
Überwintert wird durch Einsenken des Ballens ohne Schale im Garten an einer hellen aber sonnengeschützten Stelle, oder auf dem Balkon in einer mit Torf und Sand gefüllten Kiste.

Gestaltung

Die Haselnuß kann in alle japanischen und sonstigen Stilformen gebracht werden.
Die Grundgestaltung wird bei einem Rohling in der Zeit zwischen dem Anschwellen der Knospen im Frühjahr und der Sommermitte vorgenommen.

Rückschnitt

Nach jedem Rückschnitt treiben neue Knospen am Stamm aus, die , wenn sie nicht benötigt werden, möglichst früh zu entfernen sind.
Ältere Äste schneidet man im Frühjahr mit dem Blattaustrieb oder bis Ende Juni, weil größere Schnittstellen in dieser Zeit von der Pflanze schneller geschlossen werden können. Größere Wunden müssen, um ein zügiges Zuwachsen zu gewährleisten, mit einem entsprechenden Verschlußmittel behandelt werden.
Der Frühjahrsaustrieb wird bei jüngeren Pflanzen ab einer Länge von 20 cm zurückgeschnitten. Der Rückschnitt sollte so stark wie bei der erstrebten Form möglich, erfolgen. Zusätzlich können zu dieser Zeit die größten der noch verbliebenen Blätter abgeschnitten werden.
Der nächste Austrieb kann dann schon ab einer Länge von 10 cm zurückgenommen werden.
Bei älteren, bereits gut entwickelten Pflanzen kann der erste Austrieb, je nach Baumgröße, bei einer Länge zwischen 5 und 10 cm zurückgeschnitten werden.

Drahten

Äste bis Bleistiftdicke können noch gedrahtet werden. Kräftigere Äste werden mit Spanndraht in Form gebracht. Drähte müssen bei jüngeren Pflanzen mit kräftigem Zuwachs während der Vegetationszeit regelmäßig kontrolliert werden. Meist werden im Frühjahr angelegte Drähte Anfang Juli bereits zu eng und müssen erneuert werden.

Pflanzenbeschaffung

Die im Spätsommer reifen Früchte sammelt man vom Boden, bewahrt sie über Winter in feuchtem Sand im Kühlschrank auf und sät im Frühjahr aus. Viele keimen erst im 2. Jahr.
Der 1. Rückschnitt erfolgt frühestens im 2. Jahr.
In den ersten 3–4 Jahren hält man die Haselnuß am besten im freien Feld oder in einer etwas zu großen Schale und schneidet sie regelmäßig zurück. Das Dickenwachstum ist dann um einiges ergiebiger.
Jungpflanzen sind meist nur in Baumschulen zu erhalten. In Bonsai-Fachbetrieben sind sie nur in Ausnahmefällen anzutreffen.
Vorgestaltete Rohpflanzen oder gestaltete Bonsai werden ebenfalls kaum angeboten.
In der Natur findet man bonsaigeeignete Ausgangspflanzen auf Kuhweiden.

Tierische Schädlinge

Spinnmilben verursachen ähnlich wie bei anderen Bäumen auf den Blättern eine gelbliche Sprenkelung. Diese fallen später vertrocknet ab. Die Bekämpfung erfolgt mit einem Mittel gegen Spinnmilben (im Fachhandel erfragen).
Stark vergrößerte Knospen verursacht die Knospengallmilbe (*Phytoptus avellanae*). Sie kann durch das Entfernen und Vernichten der befallenen Pflanzenteile bekämpft werden.

Links: Blatt der Haselnuß mit Früchten.

Weißdorn

(Crataegus monogyna und Crataegus laevigata)

Beide bei uns vorkommenden Arten, der Eingrifflige und der Zweigrifflige Weißdorn (*C. monogyna* und *C. laevigata*) sind sehr ähnlich und leicht nur an Blüte und Frucht zu unterscheiden. Die weißen Blüten werden, wie der Name schon vermuten läßt, bei der einen Art mit nur einem Griffel, bei der anderen Art mit zwei, manchmal auch drei Griffeln ausgebildet. Der eingrifflige Weißdorn blüht ca. 14 Tage später als der zweigrifflige. Die Bütenstiele sind bei der eingriffligen Art behaart, bei der anderen Art kahl.
Nach Insektenbestäubung entwickeln sich im reifen Zustand dunkelrote, ca. 10 mm große Früchte, die entsprechend der Griffelzahl der Blüten unterschiedlich viele Kerne enthalten.
Beide Pflanzen wachsen strauch- bis baumförmig, wobei die eingrifflige Form die kräftigere Art ist.
Die Form der verkehrt eiförmigen, dunkelgrünen Blätter ist variabel. Meistens sind sie jedoch drei- bis fünflappig. Die Herbstfärbung reicht von gelb bis orange.
Der Stamm des eingriffligen Weißdorn ist spannrückig, d. h. nicht einheitlich rund, sondern läßt den Verlauf der Leitungsbahnen von außen erkennen. Die Borke ist flachschuppig und dunkelbraun.
Die Äste besitzen zahlreiche Dornen und in Dornen verlaufende Kurztriebe.
Beide Arten sind in ganz Europa anzutreffen, häufig findet man sie an Waldrändern in Hecken oder als Feldgehölz. Aber auch in Naturgärten, auf Friedhöfen und Parkanlagen werden sie gerne angepflanzt. Viele Vogelarten suchen den Weißdorn auch gerne zum Nisten auf.

Ganz rechts: Weißdorn in Herbstfärbung, Höhe ca. 20 cm, Alter ca. 10 Jahre, gestaltet aus einem Findling.

Als Bonsai

Der Weißdorn liebt einen sonnigen bis halbschattigen Standort, der sehr windig sein kann.
Die Pflanze kann ständig gut bis mäßig feucht gehalten werden.
Wegen ihrer Salzempfindlichkeit sollte bei Verwendung von Leitungswasser ausdauernd gegossen werden, um eine Anreicherung der hier gelösten Salze zu vermeiden.
Das Substrat kann sehr unterschiedlich sein. Gute Resultate erhält man u. a. bei einer Mischung von Lehm, Sand und Torf im Gewichtsverhältnis von 1:1:1. Das Substrat sollte gut durchlässig, also nicht zu feinkörnig sein und kann alle 2–3 Jahre, bei gleichzeitigem Wurzelschnitt, erneuert werden.
Der Weißdorn hat einen relativ hohen Nährstoffbedarf. Von April bis Juli kann 14tägig ein fester, organischer Bonsai-Dünger gegeben werden. Ab August sollte man den Stickstoffanteil verringern, indem zum Beispiel Kakteendünger verwendet wird.
Überwintert wird durch Einsenken des Ballens ohne Schale im Garten, oder auf dem Balkon in einer mit Torf und Sand gefüllten Kiste.

Gestaltung

Der Weißdorn läßt sich leicht in alle japanischen und anderen Stilarten bringen. Durch seine vielen Stacheln ist er allerdings sehr wehrhaft. Die Gestaltung größerer Rohpflanzen geht meist auch nicht ohne Verletzungen ab. Deshalb sollte Pflaster bereit liegen.
Gut eingewurzelte Rohpflanzen und Findlinge gestaltet man zwischen dem ersten Austrieb im Frühjahr und Ende Juli.

Drahten

Äste bis zu $1/2$ cm Dicke lassen sich meist noch leicht durch Drahten formen. Gedrahtet wird frühestens mit Austriebsbeginn. Zu dieser Zeit sind auch noch keine Blätter im Weg. Das Dickenwachstum ist nicht sehr stark, so daß ein im Frühjahr angelegter Draht in der Regel bis Juli am Baum bleiben kann. Dann wird er erneuert. Ist der Draht im Herbst noch nicht zu eng geworden, kann er auch den Winter über am Baum verbleiben und wird erst mit beginnendem Neuaustrieb im nächsten Jahr wieder entfernt und, wenn nötig, noch einmal durch einen neuen Draht ersetzt.

Rückschnitt

Stärkere Äste entfernt man am besten im Frühjahr, um ein möglichst schnelles Zuheilen zu gewährleisten. Aber auch dann braucht der Baum oft mehrere Jahre, um eine Wunde zu schließen.
Alle am Stamm entstandenen Schnittstellen werden direkt nach der Gestaltung mit einem Wundverschlußmittel versorgt.
Der Weißdorn treibt im Frühjahr nicht an allen Knospen Langtriebe aus. Die meisten bleiben nach der Bildung der ersten Blätter im Wachstum stehen. Die Langtriebe werden bei jüngeren Pflanzen ab einer Länge von ca. 15 cm auf 2–5 Blätter, je nach geplanter Astlänge, zurückgeschnitten.
Ältere Pflanzen werden auch früher zurückgeschnitten, um eine möglichst feine äußere Verzweigung zu erreichen.
Nach einem Rückschnitt treibt nicht immer, wie bei den meisten anderen

Laubbäumen, die dem verbliebenen Astende am nächsten sitzende Knospe aus, sondern oft erst die zweite, so daß ein Lenken des Austriebes durch gezieltes Schneiden manchmal schwierig ist.

Pflanzenbeschaffung

Samen sammelt man ab September, entfernt das Fruchtfleisch und bewahrt sie in feuchtem Sand im Kühlschrank auf. Im Frühjahr sät man aus.
Jungpflanzen findet man meist im eigenen Garten in der Nähe von Vogelsitzplätzen, z. B. in Zaunnähe. Das Sammeln älterer Pflanzen in der Natur ist nur im Frühjahr erfolgversprechend. Meist muß der Baum nach dem Sammeln alle Haarwurzeln neu bilden. Deshalb muß direkt vor oder nach dem Ausgraben der größte Teil der Äste entfernt werden, um eine zu große Verdunstung nach dem Austrieb zu verhindern. Anschließend wird die Pflanze zur Regeneration für mindestens 1 Jahr in den Garten oder in ein großes Gefäß gepflanzt.
In Bonsai-Fachbetrieben werden nicht selten junge und ältere vorgestaltete Pflanzen zum Kauf angeboten. In vielen Baumschulen wurde der Weißdorn jedoch wegen seiner Anfälligkeit für den Feuerbrand aus dem Sortiment gestrichen.

Tierische Schädlinge

Spinnmilben-Befall erkennt man an der durch das Saugen der Schädlinge entstehenden gelblichen Sprenkelung der Blätter. Die Bekämpfung erfolgt mit einem Spritzmittel gegen Spinnmilben.
Der Blattfloh (*Psylla crataegi*), verursacht eine Kräuselung der Blätter, die an den Saugstellen farblos werden.
Die Weißdorn-Blutlaus saugt an den Ästen und verursacht dort krebsige Wülste. Sie ist durch die weißliche, wollige Wachsausscheidung, unter der sie lebt, leicht zu erkennen. Beide Schädlinge werden mit einem Spritzmittel gegen saugende Insekten unter starkem Spritzdruck bekämpft.
An kleinen stiftförmigen rötlichgrünen Auswüchsen auf den Blättern erkennt man die Gallmücke (*Dasyneura crataegi*). Meist verursacht sie gleichzeitig eine Internodienverkürzung des Neuaustriebes, so daß die Blätter büschelig zusammengedrängt sind.
Die Raupen des Kleinen Frostspanners fressen einzeln, die des Ringelspinners zu vielen an den Blättern. Sie lassen sich beim Bonsai am besten durch Absammeln bekämpfen.
Die Raupen verschiedener Gespinstmotten, die an auffälligen Gespinstnestern, in denen sie leben, zu erkennen sind, verursachen Kahlfraß. Auch Sie sind durch frühzeitiges Absammeln zu bekämpfen.

Pilzkrankheiten

Der Echte Mehltau zeigt sich durch einen weißmehligen Belag auf der Blattoberseite, gefolgt vom Verbräunen und Abfallen der Blätter. Eine Bekämpfung kann bei vereinzeltem Auftreten durch Entfernen und Vernichten der befallenen Blätter versucht werden. Ist dies nicht erfolgreich oder der Befall sehr stark, muß die Pflanze mehrmals mit einem Spritzmittel gegen Echten Mehltau behandelt werden. Vorbeugend kann eine solche Spritzung im Frühjahr mit dem ersten Austrieb erfolgen.
Den Weißdorn-Wacholder-Rost erkennt man an orangegelben Pusteln, die aufbrechen und ein gelbes Pulver entlassen. Er tritt an der Blattunterseite, den Blattstielen und auch an den Früchten auf. Der Pilz ist wirtswechselnd zum Wacholder. Die Behandlung erfolgt bei Befall durch mehrmaliges Spritzen mit einem Mittel gegen Rostpilze.
Die Blattfleckenkrankheit macht sich durch kleine bräunliche Frecken auf den Blättern bemerkbar und ist durch Spritzung mit einem Mittel gegen Blattfleckenkrankheit zu behandeln.

Bakterienkrankheiten

Der Weißdorn ist sehr empfänglich für Feuerbrand, eine Bakterienerkrankung, die durch das Welken und plötzliche Schwarzwerden der Triebspitzen zu erkennen ist. Das Absterben ganzer Triebe kann die Folge sein. Die schwarzen Blätter bleiben an den herabhängenden Triebspitzen hängen. Diese meldepflichtige Seuche wird durch Vernichten der gesamten Pflanze bekämpft.

Ganz links: Weißdorn im Sommer.

Unten: Früchte des Weißdorn.

Pfaffenhütchen

(Euonymus europaea)

Das Gemeine Pfaffenhütchen, ein hauptsächlich strauchförmig wachsendes Gehölz, kommt in seltenen Fällen auch als bis zu 6 m hoher Baum vor. Die sehr früh austreibenden gegenständigen Blätter färben sich im Herbst, ebenfalls sehr früh, orange- bis dunkelrot.
Die zwittrige, unscheinbar grünlichgelbe Blüte erscheint im Mai. Nach der mit Hilfe von Insekten erfolgten Bestäubung bildet sich die Frucht, deren Kapsel der Hutform eines Geistlichen ähnelt (daher der Name) und meist rot gefärbt ist. Sie öffnet sich im reifen Zustand und zeigt dann die von einem orangen Samenmantel umhüllten und der Kapsel leicht angehefteten vier Samen.
Die jungen Äste sind oft undeutlich vierkantig und haben Korkleisten. Der Stamm bildet eine feinrissige, rauhe, gräulich-beige Rinde.
In der Natur ist das Gemeine Pfaffenhütchen in Laubmischwäldern, in Auwäldern und an Waldrändern anzutreffen. Häufig wird es auch in Mischhecken und Feldgehölzen kultiviert.

Rechts: Frucht des Pfaffenhütchens.

Ganz rechts: Pfaffenhütchen im Sommer, Höhe ca. 40 cm, Alter 12 Jahre, gestaltet aus einer Bonsai-Rohpflanze.

Als Bonsai

Der Standort sollte sonnig bis halbschattig gewählt werden und nicht windgeschützt sein. Das Paffenhütchen verträgt auch große Hitze.
Der Ballen kann ständig feucht gehalten werden. Zum Wässern kann man gut hartes Leitungswasser verwenden, da das Paffenhütchen als kalkliebend eingestuft wird. Weil es aber gleichzeitig salzempfindlich ist, muß man auf einen guten Durchlauf achten, also immer so reichlich gießen, daß angereicherte Salze wieder ausgewaschen werden.
Als Pflanzsubstrat kann japanisches Lehmgranulat pur Verwendung finden. Aber auch Mischungen mit hohem Lehmanteil werden gut vertragen.
Bei jungen Pflanzen wird der dichte, filzige Wurzelballen jährlich im Frühjahr vor dem Austrieb um ein Drittel reduziert und das Pflanzsubstrat in entsprechender Menge erneuert.
Ältere Pflanzen können bis zu 3 Jahren im selben Substrat stehen, ohne daß ihre Gesundheit leidet.
Gedüngt wird kräftig von April bis Ende Juli mit festem organischem Bonsai-Dünger.
Ein Blattschnitt bis Anfang Juni wird gut vertragen und mit der Ausbildung neuer, relativ dünner Äste mit kleineren Blättern beantwortet. Die Blattgröße verringert sich allerdings auch ohne Blattschnitt mit zunehmender Verzweigung.
Die Überwinterung erfolgt durch Einsenken des Ballens ohne Schale in die Gartenerde an schattiger, aber heller Stelle oder auf dem Balkon in einer mit Torf und Sand gefüllten Kiste.

Gestaltung

Das Pfaffenhütchen läßt sich in alle gewünschten Formen bringen, wenn frühzeitig mit der Gestaltung begonnen wird. Leicht zu erreichen ist die »aufrechte Form« oder die verschiedenen »Mehrfachstämme«.

Drahten

Meist lassen sich nur noch bis zu zweijährige Äste drahten. Ältere sind nicht mehr elastisch und brechen leicht. Diese können aber trotzdem durch Spannen noch in ihrer Wuchsrichtung verändert werden.
Gedrahtet wird zwischen Austriebsbeginn und Mitte Juli. Im zeitigen Frühjahr angelegte Drähte werden im Juni meist zu eng und können dann häufig ohne Ersatz entfernt werden.

Rückschnitt

An Stellen, an denen ein kräftiger Ast entfernt wurde, entwickeln sich zahlreiche neue Triebe, die in alle Richtungen wachsen. So kann ein alter Ast, der nicht die gewünschte Richtung einnimmt, aber auch nicht mehr durch Biegen zu korrigieren ist, leicht durch einen jungen Neuaustrieb ersetzt werden. Die sich gleichzeitig in andere Richtungen entwickelnden und nicht benötigten Triebe sollten schon frühzeitig entfernt werden, um eine Verdickung des Stammes an der Schnittstelle zu vermeiden.
Der Frühjahrsaustrieb kann bei jüngeren Pflanzen ab einer Länge von ca. 20 cm möglichst kurz, aber entsprechend der Stellung des betreffenden Astes im Gesamtastgerüst des Baumes, auf 1–3 Blattpaare zurückgeschnitten werden. Das der Schnittstelle am nächsten liegende Blattpaar sollte links und rechts vom Ast sitzen.

Damit die äußere Verzweigung feiner bleibt, kann der Neuaustrieb älterer Pflanzen auch schon früher auf 1 oder 2 Blattpaare reduziert werden.

Pflanzenbeschaffung

Das Pfaffenhütchen ist geschützt und darf auch als Samen der Natur nicht entnommen werden. Deshalb ist die Nachzucht nur von in Kultur befindlichen Pflanzen möglich.
Samen sammelt man ab September, entfernt den Samenmantel und bewahrt die Samen in feuchtem Sand im Kühlschrank auf. Die Aussaat erfolgt im Frühjahr.
Jungpflanzen und ältere vorgestaltete Rohpflanzen werden im Fachhandel manchmal angeboten. Auch bereits gestaltete Pfaffenhütchen-Bonsai sind hier und dort im Handel anzutreffen.

Tierische Schädlinge

Die schwarze Bohnenlaus (*Aphis fabae*) saugt sehr früh im Jahr in großer Zahl am Neuaustrieb und verursacht Kümmerwuchs und gekräuselte Blätter.
Die Bekämpfung sollte mit einem nützlingsschonenden Spritzmittel gegen Läuse erfolgen.
Die sehr zahlreich auftretenden grünlich-gelben, schwarzgezeichneten Raupen der Pfaffenhütchen-Gespinstmotte (*Yponomeuta evonymellus*) können die ganze Pflanze kahl fressen und machen auch vor der Rinde einjähriger Triebe nicht halt.
Die Bekämpfung erfolgt durch frühzeitiges Absammeln und Vernichten der Raupen.

Pilzkrankheiten

Der auf Euonymus-Arten spezialisierte Echte Mehltau (*Microsphaera euonymi*) zeigt sich durch weißlich bis schmutzig gelben Belag auf beiden Seiten der Blätter.
Die Bekämpfung erfolgt bei vereinzeltem Auftreten durch Entfernen und Vernichten der befallenen Blätter, bei starkem Befall durch mehrmalige Behandlung mit einem Spritzmittel gegen Echten Mehltau.
Vorbeugend kann mit diesem Mittel eine Behandlung im Frühjahr während des Austriebes ab dem sogenannten Mascherstadium erfolgen.

Oben: Pfaffenhütchen, grob gestaltet im Frühjahr.

Unten links: Blüte des Pfaffenhütchens.

Unten rechts: Befall durch die Larven der Pfaffenhütchen-Gespinstmotte.

Ganz links: Pfaffenhütchen im Winter mit Fruchthüllen, Höhe ca. 40 cm, Alter 12 Jahre, gestaltet aus einer Bonsai-Rohpflanze.

Schlehe

(Prunus spinosa)

Der Strauch bildet oft dichte, bis 3 Meter hohe Bestände, da er sich fleißig über Wurzelausläufer verbreitet. Die zwittrige Blüte erscheint vor dem Laubaustrieb im April und bildet durch ihre Vielzahl auf dem schwarzen Holz des Strauches einen reizvollen Kontrast. Nach der Bestäubung durch Insekten bildet sich eine nach Frosteinwirkung eßbare, pflaumenähnliche, ca. 15 mm große Frucht.
Die kleinen wechselständigen Blätter sind im Sommer auf der Oberseite dunkelgrün, auf der Unterseite in der Regel etwas matter und färben sich im Herbst gelb bis orange. Ihre Form variiert.
In der Natur ist sie häufig an Waldrändern, an Hanglagen oder auch auf Steinhaufen anzutreffen.

Als Bonsai

Die Schlehe mag als Bonsai einen hellen, sonnigen Standort, kann aber auch im Halbschatten gehalten werden. Auch ein windiger Standort wird gut vertragen.
Sie sollte mäßig feucht gehalten werden, d. h. die Erdoberfläche sollte vor erneutem Wässern regelmäßig antrocknen. Auch mit hartem Leitungswasser kann gegossen werden; Schlehen sind nicht salzempfindlich.
Als Pflanzsubstrat kann eine Mischung aus Lehm, Sand und Torf im Gewichtsverhältnis von 1:1:1 dienen. Das Substrat wird alle 2–3 Jahre, nach der Blüte kurz vor dem Frühjahrsaustrieb und bei gleichzeitigem Wurzelschnitt ausgetauscht.
Gedüngt werden sollte kräftig ab April bis August mit organischem Bonsai-Dünger.

Rechts: Früchte der Schlehe.

Ein Blattschnitt wird gut vertragen. Er ist aber, um kleinere Blätter zu erreichen, nicht notwendig, da die Schlehe sich leicht verzweigt und gleichzeitig die ohnehin schon nicht sehr großen Blätter immer kleiner ausgebildet werden.
Überwintert wird durch Einsenken des Ballens, ohne Schale, im Garten oder auf dem Balkon in einer mit Torf und Sand gefüllten Kiste.

Gestaltung

Da die natürliche Wuchsform der Pflanze, wie bei allen Sträuchern, als Gestaltungsvorbild wegfällt, kann die Schlehe in alle japanischen und anderen Stilarten gestaltet werden. Auch ältere Exemplare werden nicht besonders dick, deshalb sollte eine Endgröße von maximal 50 cm eingeplant werden.

Drahten

Bis zu dreijährige Zweige lassen sich noch relativ leicht Drahten. Ältere Äste sind nicht mehr elastisch, können aber durch Spannen manchmal noch korrigiert werden.

Das Dickenwachstum ist reduziert, so daß der Draht mindestens eine komplette Vegetationsperiode an der Pflanze verbleiben kann.
Im Frühjahr wird der Draht kontrolliert und, wenn nötig, entfernt und eventuell durch neuen ersetzt.

Rückschnitt

Ältere Äste entfernt man im Frühjahr nach der Blüte. An großen Schnittstellen entstehen viele neue Austriebe, von denen nur einer verbleiben sollte.
Der Neuaustrieb im Frühjahr wird bei jüngeren Pflanzen bei einer Länge von ca. 20 cm auf 1–5 Blätter, je nach der Stellung des betreffenden Astes im Baum, zurückgeschnitten.
Um das Dickenwachstum zu fördern läßt man jeden Austrieb möglichst lang werden, bevor er dann stark reduziert wird.
Ältere Pflanzen können auch schon ab einer Länge von ca. 10 cm auf 1–2 Blätter zurückgenommen werden. Ob 1 oder 2 Blätter verbleiben, richtet sich nach der gewünschten Wuchsrichtung.

Pflanzenbeschaffung

Samen sammelt man im Herbst nach dem ersten Frost, entfernt das Fruchtfleisch und bewahrt die Kerne in feuchtem Sand im Kühlschrank auf. Ausgesät wird im Frühjahr.
Jungpflanzen und vorgestaltete ältere Pflanzen findet man manchmal in Bonsai-Fachbetrieben. Bereits gestaltete Schlehenbonsai stehen nur sehr selten zum Verkauf.
Ältere, wild gewachsene Schlehen lassen sich nur im Frühjahr und nur mit sehr großem Aufwand ausgraben. Die sehr langen Wurzeln verzweigen

sich erst sehr tief in der Erde, so daß Haarwurzeln nur bei einem entsprechend großen Ballen an der Pflanze verbleiben. Beim Ausgraben gleichzeitig die Äste stark reduzieren.

Tierische Schädlinge

Gelbliche kleine Blattflecken mit meist folgenden Deformationen der Blätter verursacht eine Gallmilbe. Sie wird durch Entfernen und Vernichten der befallenen Pflanzenteile bekämpft.
Die Obstbaumspinnmilbe (*Panonychus ulmi*) verursacht eine gelbliche Sprenkelung der Blätter, die sich bei fortschreitendem Befall graugrün bis braun verfärben und dann abfallen. Die Bekämpfung erfolgt durch Spritzen mit einem Mittel gegen Spinnmilben.
Verschiedene, oft massenhaft auftretende Blattläuse verursachen manchmal ein Einrollen der Blattränder, um sich zu schützen. Sie können häufig schon mit einem harten Wasserstrahl abgespült werden. In hartnäckigen Fällen kann auch ein nützlingsschonendes Spritzmittel gegen Blattläuse angewendet werden.
Die nacktschneckenähnliche Larve der Schwarzen Kirschenblattwespe (*Eriocampoides limacina*) frißt von der Blattoberseite Fenster ins Blattgrün, wobei das untere Blattgewebe stehenbleibt und sich bald schmutziggrau verfärbt. Eine Bekämpfung erfolgt durch Entfernen und Vernichten der befallenen Blätter.
Die San-Jose-Schildlaus (*Quadraspidiotus perniciosus*), eine in Massen auftretende wärmeliebende Schildlaus mit gräulichen und schwarzen Stadien auf den Ästen, tritt nur in seltenen Fällen auf. Sie kann mit Hilfe einer Zahnbürste zunächst ganz einfach mechanisch entfernt und durch anschließendes Spritzen mit einem Mittel gegen Schildläuse bekämpft werden.

Die Larven verschiedener Gespinstmotten sind an ihren auffälligen Gespinstnestern, in denen sie sich aufhalten, zu erkennen. Sie können leicht auch bei vereinzeltem Auftreten einen Schlehenbonsai kahlfressen. Sie sollten möglichst frühzeitig abgesammelt und vernichtet werden.

Pilzkrankheiten

Der wirtswechselnde Zwetschenrost ist an zunächst gelblichen Flecken, die später in bräunliche bis schwarze Pusteln übergehen, zu erkennen. Er tritt an der Blattunterseite auf. Befallene Blätter können entfernt und vernichtet werden. Bei starkem Befall mehrmals mit einem Mittel gegen Rostpilze spritzen.
Die Sprühfleckenkrankheit zeigt sich durch feine punktförmige rötliche bis braune Flecken und führt zu frühzeitigem Abfallen der Blätter. Zur Bekämpfung eignet sich das gleiche Mittel, das gegen Rostpilze eingesetzt wird.

Unten: Schlehe im Spätsommer, Höhe ca. 30 cm.
Gestaltung: Hermann Pieper

Weiden

(Salix sp.)

Die Weiden bilden die größte Gruppe unter den heimischen Gehölzen. Sie haben alle eine Vorliebe für feuchte Standorte und volle Sonne. Das macht sie für die Bonsai-Gestaltung nicht gerade einfach, zumal sie sich schon wegen ihrer durchweg großen Blätter, die sich auch beim Bonsai nicht erheblich verkleinern lassen, nicht besonders gut als Miniaturbaum eignen.
Wegen ihrer großen Artenvielfalt und der nur mäßigen Bedeutung der Gattung für die Bonsai-Gastaltung werden die Weiden hier insgesamt beschrieben und einzelne Arten nur, wenn sie für die Bonsai-Gestaltung wichtige Besonderheiten aufweisen, beispielhaft hervorgehoben.
Die meisten Weiden, wie zum Beispiel die Salweide, die Grauweide, die Purpurweide oder die Mandelweide, wachsen strauchförmig. Einige, wie die Silberweide oder die Bruchweide, bilden aber auch stattliche Bäume aus. Gemeinsam ist allen die wechselständige Blattstellung. Die Blätter sind unterschiedlich geformt, aber immer ungeteilt.
Weiden bilden männliche und weibliche Pflanzen aus, d. h. sie sind zweihäusig. Die mit 1–2 schuppenförmigen Honigdrüsen versehenen, in gelben Kätzchen zusammensitzenden Blüten besitzen in der männlichen Form 2, in seltenen Fällen auch 3 oder 5 Staubgefäße. Die Bestäubung erfolgt mit Hilfe von Insekten. Die Verbreitung der Früchte übernimmt der Wind. Stecklinge und Steckhölzer bewurzeln sich so leicht wie bei keiner anderen Gattung.
In der Natur kommen Weiden nur an feuchten, lichten Standorten, aber auch als Pioniergehölze vor.

Ganz rechts: Die Trauerweide (*Salix alba chrysocoma*), gilt als Bastard zwischen der heimischen Silberweide (*Salix alba*) und der Chinesischen Trauerweide (*Salix babylonica*), Höhe ca. 80 cm, gestaltet aus einer Baumschulpflanze.
Gestaltung: Franz-Josef Thönnessen

Als Bonsai

Auch als Bonsai gehaltene Weiden lieben einen sonnigen bis halbschattigen Standort, der nur leicht windgeschützt sein sollte.
An die Wasserqualität werden keine besonderen Ansprüche gestellt, solange die angebotene Menge ausreichend ist. Weiden benötigen sehr viel Wasser, sie sollten niemals austrocknen, obwohl die meisten Arten kurzzeitige Trockenheit durchaus ertragen, aber darauf mit starkem Blattabwurf reagieren.
An heißen Tagen muß eine Weide mehrmals ausgiebig gewässert werden. Ist dies nicht möglich, wird sie am besten auf ein mit grobem Kies oder Hydrokugeln gefülltes Tablett gestellt, das immer voll Wasser gehalten werden kann. Durch die Abzugslöcher der Bonsai-Schale wachsen dann Wurzeln in das Tablett, so daß der Pflanze länger anhaltende Wasservorräte über das Tablett gegeben werden können.
An das Pflanzsubstrat werden keine besonderen Ansprüche gestellt. Es sollte sich nur nicht durch die häufiger als bei anderen Baumarten notwendigen Wassergaben zu sehr verdichten. Gut bewährt hat sich zum Beispiel eine Mischung aus Lehmgranulat (AKADAMA), Sand und Torf im Verhältnis von 1:2:1.
Das Substrat wird alle 2–3 Jahre bei gleichzeitigem Wurzelschnitt erneuert. Die beste Zeit hierzu ist das Frühjahr, vor dem Austreiben der ersten Blätter.
Im Entwicklungsstadium können Weiden kräftig gedüngt werden, d. h. alle 14 Tage oder öfter, und zwar mit organischem Bonsai-Dünger oder auch mit Mineraldünger. Bei bereits gut entwickelten Pflanzen sollte, bei weiterhin reichlichen Düngergaben der Stickstoffanteil reduziert werden.
Der Rückschnitt des ersten Austriebes sollte erst erfolgen, wenn die Verholzung bereits eingesetzt hat.
Wegen der bei Weiden besonders großen Infektionsgefahr durch Pilzkrankheiten muß auf sauberes Werkzeug geachtet werden.
Obwohl in der Natur sehr winterhart, müssen als Bonsai gehaltene Weiden gut eingewintert werden. Entweder wird der Ballen ohne Schale an einer schattigen Stelle in den Boden eingesenkt, oder sie werden in einer mit Torfsand gefüllten Kiste überwintert.

Gestaltung

Besonders auffällig und beeindrukkend wachsen bei uns die Trauerweiden und die Kopfweiden. Deshalb liegt es nahe, diese Formen bei der Bonsai-Gestaltung zu berücksichtigen. Auf Stilarten, bei denen jeder einzelne Ast besonders wichtig ist, wie z. B. bei der aufrechten Form, sollte verzichtet werden, weil aus verschiedenen Gründen häufig ganze Äste absterben. So ist neben den beiden schon genannten Formen auch die Besenform noch geeignet.

Drahten

Weiden lassen sich leicht drahten. Auch ältere Äste bleiben lange biegsam. Allerdings müssen wegen des sehr starken Dickenwachstums bei den baumförmig wachsenden Arten die angelegten Drähte alle 2 Wochen kontrolliert werden. Dicke Äste können auch gespannt werden.
Die Äste einer Trauerweide hängen erst ab einer Länge von ca. 1 m von selbst nach unten. Weil die Äste beim Bonsai immer kürzer sind, muß der

Neuaustrieb, sobald er etwas kräftiger geworden ist, nach unten gedrahtet werden.

Rückschnitt

Die 1. Gestaltung einer Rohpflanze nimmt man während der Vegetationsperiode vor, frühestens mit beginnendem Knospenaustrieb. Während dieser Zeit verheilen größere Schnittstellen auch bei Weiden besonders schnell.
Den Austrieb junger Pflanzen schneidet man nur einmal im Jahr, und zwar im Juni, mit beginnender Verholzung zurück.
Ältere Weiden mit bereits gut entwikkeltem, kräftigem Astgerüst können auch häufiger, bei einer Trieblänge von ca. 10 cm, zurückgenommen werden.

Pflanzenbeschaffung

Wegen ihrer Neigung zur Bastardbildung und wegen des langsamen Wachstums der Sämlinge in den ersten Jahren, ist eine Anzucht aus Samen nicht zu empfehlen.
Wie oben bereits erwähnt, lassen sich Stecklinge und Steckhölzer leicht bewurzeln.
Im Frühjahr vor dem Austrieb geschnittene Steckhölzer bis Unterarmdicke bewurzeln in feuchtem Sand ebensogut wie in Wasser. Direkt in Sand bewurzelt, müssen sie erst im nächsten Frühjahr in ein anderes Substrat gesetzt werden.
Jungpflanzen oder Rohlinge werden, obwohl man sie leicht vermehren kann, nur sehr selten in Bonsai-Fachbetrieben angeboten.
In Baumschulen sind aber viele Arten, besonders die schwachwüchsigeren und deren Sorten erhältlich.
Bereits gestaltete Weiden-Bonsai sind im Handeln kaum anzutreffen.

Tierische Schädlinge

Gall-Wespen (*Pontania viminalis*) verursachen die Ausbildung von ca. 1 cm großen rötlichgrünen, runden Gallen. Eine Bekämpfung kann durch das Absammeln der befallenen Blätter erfolgen.
Verschiedene Weidenblattkäfer und deren Larven fressen an den Blättern und lassen häufig nur die Blattadern stehen. Sie lassen sich absammeln und können dann vernichtet werden.
Verschiedene Rüßler fressen entweder an den Knospen oder im Holz und verursachen dadurch einen mangelhaften Austrieb oder das Absterben ganzer Astpartien. Eine Bekämpfung kann durch Absammeln der Käfer oder durch Entfernen und Vernichten der befallenen Pflanzenteile erfolgen. Bei starkem Befall ist auch eine Spritzung mit einem Mittel gegen Schadkäfer möglich.
Die Weidenholz-Gallmücke verursacht das flächige Anschwellen der Rindenpartie. Schließlich löst sich die Rinde ab und kann die Fraßlöcher im Holz erkennen. Die Bekämpfung erfolgt durch Entfernen und Vernichten der befallenen Pflanzenteile.
Die Weidenschildlaus saugt unter einer hellgrauen muschelschalenförmigen Erhebung. Man bekämpft sie, indem man die Läuse abstreift oder ein Mittel gegen Schildläuse spritzt.
Die Larve der Weidenschaumzikade saugt an der Rinde junger Äste und schützt sich vor Entdeckung mit schaumiger Ausscheidung. Sie kann leicht abgesammelt werden.

Pilzkrankheiten

Echter Mehltau zeigt sich durch weißen, mehlig-staubigen Belag auf der Blattober- und -unterseite. Die Bekämpfung erfolgt vorbeugend durch Spritzen mit einem Mittel gegen Echten Mehltau zu einem Zeitpunkt, wenn die Knospen austreiben. Befallene Blätter werden abgesammelt und vernichtet.
Weidenschorf verursacht deutlich abgegrenzte bräunliche bis grünliche Flecken auf Blättern und Rinde. Die befallenen Blätter werden vorzeitig abgeworfen und Triebspitzen sterben ab. Man bekämpft ihn vorbeugend bei Austriebsbeginn mit einem Mittel gegen Schorfpilze. Befallene Pflanzenteile werden entfernt und vernichtet.
Der Weidenrost zeigt sich durch gelblich-pulvrige oder braunliche Pusteln unter den Blättern. Die befallenen Blätter werden vorzeitig abgeworfen. Die Bekämpfung erfolgt vorbeugend durch mehrmalige Spritzung ab Juni und bei Befall mit einem Mittel gegen Rostpilze.
Als Schwarzen Krebs bezeichnet man das Erscheinen dunkelbrauner Flekken auf den Blätter und das Schwarzwerden und Absterben der Triebspitzen. Zur Bekämpfung eignen sich die gleichen Mittel wie die gegen Weidenschorf.

Ganz links: Bruchweide (*Salix fragilis*) kurz nach der ersten Gestaltung, Höhe ca. 90 cm, gestaltet aus einem Findling.
Gestaltung: Joachim Armbruster

Unten: Männliche Blüte der Silberweide (*Salix alba*).

Register

Abmoosen 31
Acer campestre 50
– *campestre* 'Nana' 51
– *campestre* 'Purpurea' 51
– *monspessulanum* 56
– *platanoides* 52
– *pseudoplatanus* 52
AKADAMA 16
Alnus glutinosa 58
– *viridis* 58
Anpfropfen 31, 35
Apfelbaum 82
Apfelbaumgespinstmotte 85
Apfelblattsauger 84
Apfelmehltau 85
Apfelschorf 85
Arbeiten am toten Holz 38
Äste 34
Aststellung 45
Astvolumen 9
Ausgraben 48

Bastzelle 24
Baumschulpflanze 46
Bergahorn 14, 52
Bergkiefer 114
Betula nana 124
– *pendula* 62
– *pubescens* 62
Bewässerung 15
Bewurzelungshormon 32
Birkenminierfliege 65
Birkenrost 65
Birkenzierlaus 64
Birnenblattfloh 87
Birnenblutlaus 101
Birnengitterrost 87, 103
Birnenpockenmilbe 87
Birnenschorf 87
Blattbräune 77
Blattfleckenkrankheit 73, 97, 131
Blattfloh 131
Blattgröße 36
Blattlaus 71, 137
Blattschnitt 36
Blattvolumen 9
Blüten 36
Blutlaus 84
Blutmehl 22
Bodenübersalzung 42
Bonsai-Schale 30
Bonsai-Stilart 11
Bonsai-Gestaltung 49
Bor 23
Buchengallmücke 77
Buchenfrostspanner 77
Buchenschmierlaus 41, 76
Buchenspringrüßler 77

Calcium 22
Carpinus betulus 66
Castanea sativa 70
Coryllus avellana 126
Crataegus laevigata 128
– *monogyna* 128

Dauerdünger 20
Dickenwachstum 18, 20, 24, 36, 42, 46
Doppelstamm 26
Drahten 38
Düngekugel 20
Düngung 20, 39

Eberesche 92
Ebereschenrost 93, 103
Echter Mehltau 40, 57, 61, 69, 91, 93, 131, 135, 141
Edelkastanie 70
Eibe 120
Eibennapfschildlaus 123
Eichenblattwespe 91
Eichenmehltau 91
Eichenprozessionsspinner 91
Eichenzwerglaus 91
Einhäusig 36
Eisen 23
Erlenblattfloh 61
Erlenblattkäfer 61
Erlenblattwespe 61
Erlenrüßler 61
Esche 78
Eschenbastkäfer 81
Eschenblattfloh 81
Eschenrüßler 81
Eschenzwieselmotte 81
Eßkastanie 70
Euonymus europaea 104
Europäische Lärche 104

Fagus sylvatica 74
Feldahorn 50
Feldulme 98
Felsenahorn 56
Feuerbrand 85, 131
Fibonacci-Folge 12
Fichte 108
Fichtengespinstblattwespe 111
Fichtenstammlaus 111
Findling 45, 48
Form, aufrechte 12, 26
–, Besen- 26
–, Floß- 28
–, frei aufrechte 26
–, Literaten- 28
–, streng aufrechte 26
–, Wald- 28
–, windgepeitschte 28
Fraxinus exelsior 78
– *ornus* 78
Frost 14, 88
Frostresistenz 20
Fruchtansatz 11
Früchte 36

Gallwespe 141
Gallmilbe 65, 137
Gallmücke 131
Gemeiner Wacholder 102
Geneigter Stamm 12
Gespinstmotte 131
Gestaltungstechnik 12
Gießwasser 15
Glashaus 14
Goldener Schnitt 12
Grauerle 58
Größenverhältnis 12
Grunddüngung 41
Grüne Apfelblattlaus 84

Hainbuche 66
Haselnuß 126
Hauptwurzel 16
Herbstfärbung 43
Holzapfel 82
Holzbirne 86
Holzzelle 24
Hornspäne 22
Humus 16

Johannistriebe 24
Juglans regia 72
Jungpflanze 31
Juniperus communis 102

Kalium 22
Kalk 22
Kambium 24
Kaskade 12, 28
Kiefernzweiglaus 118
Kieferndrehrost 119
Kieferngallmücke 118
Kiefernnadelwickler 103
Kiefernrindenblasenrost 119
Kiefernschütte 119
Kieferntriebwickler 118
Kiefernwollaus 119
Kleiner Frostspanner 131
Knospengallmilbe 123, 127
Kobalt 23
Komposition 12
Korkleiste 132
Kräuselkrankheit 61
Kreativität 9
Kunstformen 10
Kunstwerk 10
Kupfer 23

Lac-Balsam 20
Lärchenblasenfuß 106
Lärchenminiermotte 106
Lärchenschütte 106
Lärchenwollaus 106
Larix decidua 104
Lavagranulat 16
Lebensgemeinschaft 9
Lehmgranulat 19
Lichtbedürfnis 14
Lindenblattwespe 97
Lindenspinnmilbe 97

Magnesium 22
Malus sylvestris 82
Mangan 23
Manna-Esche 78
Mehlige Birnlaus 87
Mehltau 65
Mehrfachstamm 28
Milbe 57

Mineralischer Dünger 20
Molybdän 23
Moorbirke 62
Moos 30
Moosteppich 30
Mykorrhiza-Pilz 9

Nadelbaumfindling 43
Nadelholzgespinstmilbe 111
Nadelholzspinnmilbe 103
Nährsalze 16
Nährstoffmangel 9, 77
Netzschwefel 106

Obstbaumkrebs 85
Obstbaumspinnmilbe 84, 137
Organischer Dünger 22

Penjin 9
Pfaffenhütchen 132
Pfaffenhütchen-Gespinstmotte 135
Pflanzerde 16
Phosphor 22
Photosynthese 14
Picea abies 108
Pilzbefall 42
Pinus cembra 112
– *mugo* 114
– *nigra* 116
– *sylvestris* 118
Pinzieren 20
Proportionen 12
Prunus spinosa 136
Pyrus pyraster 86

Quercus petraea 88
– *robur* 88

Rapsschrot 22
Raupe 69
Regenwasser 14, 15
Rindenfleckenkrankheit 97
Rindenstruktur 48
Rohling 46
Rohpflanze 20
Rosenzikade 57
Rotbuche 74
Rückschnitt 19, 38
Rüsselkäfer 85, 123

Salix sp. 138
Salzempfindlichkeit 15
Salzgehalt 15
Salzkonzentration 15
Salzschaden 77
Samen 44
Sämling 44
San-José-Schildlaus 137
Sandbirke 62
Sauerstoffversorgung 16
Schlangenminiermotte 85
Schlehe 136
Schneebelastung 11
Schnittstelle 19
Schwarze Bohnenlaus 135
Schwarze Kirschenblattwespe 137
Schwarzer Krebs 141
Schwarzerle 58
Schwarzkiefer 116
Schwefel 23
Seitenwurzel 44
Sitkafichtenlaus 111
Skulptur 9, 10
Sorbus aucuparia 92
Spaltöffnung 14
Spannen 38
Spinnmilbe 69, 71, 73, 125, 127, 131, 43
Spitzahorn 52
Springrüßler 64
Sprühfleckenkrankheit 137
Spurenelemente 22, 23
Stabilität 12
Stamm 32
Stammverlauf 45
Standort 14
Steine 31
Stickstoff 20, 22
Stieleiche 88
Stilart 26

Taxus baccata 120
Temperatur 14
Tilia cordata 94
Torf 16
Traubeneiche 88

Überwinterung 14, 40, 43
Ulmenblasenlaus 101
Ulmenblattrollaus 101
Ulmus carpinifolia 98
Umpflanzen 16

Veredelung 35
Verzweigung 36
Viruskrankheit 85
Volldünger 20

Wachstumsrhythmus 24
Waldkiefer 118
Walnuß 72
Wasserangebot 14
Weiden 138
Weidenblattkäfer 141
Weidenbohrer 81
Weidenholzgallmücke 141
Weidenrost 141
Weidenschildlaus 141
Weidenschorf 141
Weißdorn 128
Weißdorn-Wacholder-Rost 131
Weißdornrost 103
Wespe 91
Wildverbiß 9, 11
Wind 14
Winterknospe 19
Winterlinde 94
Winteröl 40
Winterquartier 15, 40
Wollausbefall 41
Wuchsform 12
Wuchsrichtung 46
Wundpaste 20
Wundverschlußmittel 57
Wurzel 16, 18
Wurzelansatz 18, 31, 45
Wurzelknöllchen 58
Wurzelrückschnitt 32
Wurzelsystem 9
Wurzelvolumen 9
Wurzelwachstum 24

Zink 23
Zirbelkiefer 112
Zweihäusig 36
Zwergbirke 124
Zwetschenrost 137
Zwischenwirte 103

Literaturverzeichnis

Adams, P.D.: Die Kunst Bonsai zu züchten, Wilhelm Heyne Verlag GmbH & Co.KG, München, 1986

Bärtels, A.: Der Baumschulbetrieb, Verlag Eugen Ulmer, Stuttgart 1985

Ellenberg, H.: Vegetation Mitteleuropas mit den Alpen, Verlag Eugen Ulmer, 1986

Kawollek, W.: Handbuch der Pflanzenvermehrung, Verlag J. Neumann-Neudamm GmbH & Co.KG, Melsungen, 1987

Kiermeier, P.: BdB Handbuch Teil VIII, Wildgehölze des mitteleuropäischen Raumes, Eigenverlag Fördergesellschaft »Grün ist Leben« Baumschulen mbH, 1988

Menzinger, Sanftleben: Parasitäre Krankheiten und Schäden an Gehölzen, Verlag Paul Parey, Berlin, 1980

Naka, J. Y.: Bonsai Technik I, Verlag Bonsai Centrum Heidelberg, 1985

Schmeil-Fitschen: Flora von Deutschland, Quelle & Meyer, Heidelberg, 1976

Strasburger, Lehrbuch der Botanik, Gustav Fischer Verlag, Stuttgart, 1978

Schöne Pflanzen für Haus und Garten

Paul Lesniewicz
Bonsai
Miniaturbäume
Bonsai-Formen, Aufzucht, Gestaltung, Kauf und Pflege; Bonsai für die Wohnung; Fachwörter und Pflanzennamen, Tabellen zur Pflege und Gestaltung; Clubs und Fachhandel.

Willi Benz/Paul Lesniewicz
Chinesische Bonsai
Penjing
Geschichte, Gestaltung, Gesunderhaltung und Pflege Gestaltungstechniken – z. B. Schneiden Binden, Drahten; Gestaltungsstile, Werkzeuge, Pflegemaßnahmen, optimale Präsentation.

Paul Lesniewicz
Bonsai im Haus
Indoors richtig pflegen und gestalten
Geschichte, Grundlagen erfolgreicher Pflege, Formen und Gestalten, Pflanzungs-Beispiele; die 50 schönsten Indoors aus aller Welt.

Christoph und Maria Köchel
Kübelpflanzen – Der Traum vom Süden
Umfassendes Handbuch über die Planung von Wintergärten und Terrassen mit Gestaltungsbeispielen für Wintergärten; 150 ausführliche Porträts von Kübelpflanzen; Informationen über Herkunft und Pflegeansprüche; alles zur Überwinterung.

Edgar Gugenhan
Bunte Gärten auf Balkon und Terrasse
Gestaltung • Pflege • Pflanzenauswahl
Alles über das Gärtnern auf Balkon, Loggia, Terrasse und Dachgarten: Gestaltung, Pflegeanleitungen, Pflanzenauswahl, Pflanzenschutz; Sommerblumen, Zwiebel- und Knollenpflanzen, Zwerggehölze, Kübelpflanzen u. a.

David Joyce
Blütenpracht für jeden Winkel
Blumen in Ampeln, Körben, Kübeln, Schalen
Fantasievoller Blumenschmuck für Haus, Terrasse und Garten: Gärtnern zu jeder Jahreszeit, Kulturmethoden, Hängekörbe, Fensterkästen, ungewöhnliche Pflanzengefäße, Pflanzenführer; viele Farbfotos und wertvolle Anregungen.

David Joyce
Bezaubernde Fenstergärten
Pflanz- und Gestaltungsvorschläge für Fensterbänke und dekorative Gefäße, für kurzlebige und dauerhafte Bepflanzungen, bestimmte Farbkombinationen oder Duftpflanzen; Pflege, Anzucht, Düngung, Vermehrung und Überwinterung.

Rob Herwig
Das praktische Handbuch der Zimmerpflanzen
1000 Zimmerpflanzen von A-Z im Porträt mit Tips zu Pflege, Vermehrung, Licht- und Temperaturansprüchen, Wasserbedarf; Pflanzenschutz.

Elisabeth Manke
Palmen und Zimmerbäume
Ausführliche Pflanzenporträts; Informationen zu Herkunft, botanischen Besonderheiten, Standort, Pflege, Düngung, Anzucht, Vermehrung, Pflanzenschutz; Arbeitskalender.

In unserem Verlagsprogramm finden Sie Bücher zu folgenden Sachgebieten:

Garten und Zimmerpflanzen • Natur • Heimtiere • Angeln • Jagd • Reise • Sport und Fitneß • Wandern, Bergsteigen, Alpinismus • Pferde und Reiten • Auto und Motorrad • Gesundheit, Wohlbefinden, Medizin • Essen und Trinken

BLV

Wünschen Sie Informationen, so schreiben Sie bitte an:

BLV Verlagsgesellschaft mbH • Postfach 40 03 20 • 80703 München
Telefon 089/12705-0 • Telefax 089/12705-547